낙화

국립중앙도서관 출판시도서목록(CIP)

```
낙화 : 박영순 수필집 / 글쓴이: 박영순. — 서울 : 북
랜드, 2016
    p. 272 ; 152×205cm

ISBN 978-89-7787-660-6 03810 : ₩12000

한국 현대 수필[韓國現代隨筆]

814.7-KDC6
895.745-DDC23                          CIP2016009952
```

박영순 수필집
낙화

인쇄| 2016년 6월 10일
발행| 2016년 6월 15일

글쓴이| 박영순
펴낸이| 장호병
펴낸곳| 북랜드
　　　135-936 서울 강남구 강남대로 320 황화빌딩 1108호
　　　대표전화 (02) 732-4574 | (053) 252-9114
　　　팩시밀리 (02) 734-4574 | (053) 252-9334

등 록 일| 1999년 11월 11일
등록번호| 제13-615호
홈페이지| www.bookland.co.kr
이-메 일| bookland@hanmail.net

책임편집| 김인옥
영　업| 최성진

ⓒ 박영순, 2016, Printed in Korea
ISBN 978-89-7787-660-6 03810

* 저자와의 협의하에 인지를 생략합니다.
* 잘못된 책은 바꾸어 드립니다.

값 12,000 원

낙화

박영순 수필집

북랜드

책을 펴내며

지금껏 살아오며 생각하고 경험한 부끄러운 자화상을 여러 사람들에게 보여준다는 것이 두렵기만 합니다. 무척 망설였습니다. 그러나 혼자 간직해온 추억을 더불어 공유해 보는 작은 행복도 있으리란 마음으로 용기를 내었습니다.

자신이 걸어온 길을 반백이라는 쉰의 나이 즈음에 되돌아보는 계기도 참 의미 있는 시간들이었으며 평범한 한 사람으로서 걸어온 생의 발길이 왠지 애처롭기도 했습니다. 제 삶은 반듯한 모양은 아니었습니다. 조금은 가파르고 울퉁불퉁한 고개가 있고, 조금은 모나서 까칠한 그래서 길을 걷는 데 심심하지 않았습니다. 걷다가 쉬고, 쉬다가 걸어보면서 먼 산도 보고, 강 건너편도 바라보고, 보리밭 종달새 소리도 들으며 쉼없이 생각했던 길이 여기까지 이르게 되었습니다. 제 사유랍시고 좀 건방진 부분도 있을 테고, 넋이 나간 사람처럼 몇 프로 부족한 부분도 있을 것입니다. 그렇지만 이 모든 것 또한 저의 소중한 삶이며 제가 짊어지고 온 것이며 앞으로 감당해야할 제 짐이기도 합니다. 해서 순수한 마음으로 읽어 주셨으면 합니다. 앞으로 다가오는 오십 년을 더욱 천천히, 찬찬히 살아가는 데 도움을 주는 책이 되었으면 하고 두 손을 모아 보았습니다.

　어린 시절은 삶의 원동력이 되곤 했으며 제 주위의 오만 것들은 늘 저를 흥분하게 해 주었습니다. 얼마나 진정하고 살아야 했는지 모릅니다. 저만 유독 그러하였노라고 말하지 않겠습니다. 많은 사람들이 그러했을 거라고 봅니다. 뽕잎만을 먹는 누에고치에서 누가 그 고운 비단을 짜는 실이 나오리라 생각했을까요. 사람 사는 일도 마찬가지일 거라 생각합니다. 지금은 아무것도 아닐 수 있었던 일이 먼 훗날 누군가에게는 큰 일로 비춰지기도 하기 때문입니다.

　전반전 오십 년은 이러했음을 고백하고 후반전 오십 년은 인생을 음미하는 시간으로 채우고 싶습니다. 숨 가쁘게 살았노라고 후회하는 일이 작았으면 합니다. 이제껏 좋은 추억의 시간들을 여기에 묻고 새로운 추억을 담아내려 노력하겠습니다. 열심히 살아온 자에게는 슬픔이 작을 수도 있습니다. 그러나 놓칠 수도 있는 사색의 공간은 자주 비워 두기를 제 자신에게 당부합니다.

저마다의 향기를 뿜어내며 살아가는 세상에서 수필은 제게 다정다감한 벗이 주는 향기였습니다. 은은하고, 튀지 않고, 꼬이지 않고, 누구에게라도 다가오고 싶은 그런 품을 만들어 주곤 했습니다. 제가 수필문학 안에서 흠집을 내는 것은 아닌지 곰곰 생각해 봅니다. 엄마의 품, 가족의 품, 친구의 품, 연인들의 품 이런 품들을 좋아합니다. 그래서 많은 분들에게 품 같은 책이 되기를 바랄 뿐입니다.

아무쪼록 앞으로 좋은 글을 쓰는 데 애쓰는 모습 보여 드리도록 노력하겠습니다. 저를 아는 모든 분들이 항상 귀히 봐 주셨던 점 늘 고맙게 생각합니다. 첫 수필집이 나오기까지 물심양면으로 도와주신 모든 분들에게 고마움을 전합니다.

2016년 사월에
박 영 순

차례

책을 펴내며 · 4

 미지근한 커피처럼

14 · 어떤 사랑
17 · 돌담을 보며
21 · 구두를 잘 만지는 남자
25 · 미지근한 커피처럼
30 · 감
34 · 잡초를 뽑던 날
37 · 봄이 오면
41 · 전원의 꿈
44 · 화투놀이
48 · 불면의 시간
52 · 옛길
58 · 프로쿠루스테스의 침대

 간절함이 깃든 곳

간절곶 · 64

소철 · 69

정자 바닷가에서 · 72

수련의 고고함 · 76

태화강 대숲을 거닐다 · 80

집나간 새댁 · 86

야생화의 반란 · 91

오월의 향기 · 98

낙화 · 102

호박꽃 · 105

먼 산을 보다가

112 · 평광동 사과나무
116 · 소낙비
121 · 먼 산을 보다가
125 · 아양 기찻길의 추억
130 · 그날의 수제비
136 · 불로고분을 거닐며
140 · 스님이 된 친구
146 · 토마토와 청년
151 · 양푼이비빔밥
156 · 목도리
160 · 봉무공원

마음에서 자유로워지기를

담양 창평 슬로시티에서 · 166
백담사에서 본 세 가지 풍경 · 170
사랑의 절벽(Two Loves Point) · 174
청남대의 천사나팔꽃 · 179
고목이 된 은행나무 · 183
야류 해변가의 풍경 · 187
둘이라는 공통분모 · 191
강 저편에는 · 197
바투동굴의 전설 · 201

포플러 나뭇잎에 바람이 불면

- 208 · 털신 한 컬레
- 213 · 위험에 빠진 아기 고양이
- 218 · 책꺼풀을 입힐 적마다
- 224 · 추억의 옥수수빵
- 228 · 잊을 수 없는 설교
- 235 · 아버지의 목소리
- 239 · 포플러 나뭇잎에 바람이 불면
- 244 · 강을 바라보며
- 250 · 엄마가 내게 남긴 유산
- 254 · 고요가 주는 행복

| 발문 |
시공으로 교직한 '나'의 탐구 여행 | 장호병 · 257

미지근한 커피처럼

어떤 사랑 | 돌담을 보며 | 구두를 잘 만지는 남자 | 미지근한 커피처럼 | 감 | 잡초를 뽑던 날 | 봄이 오면 | 전원의 꿈 | 화투놀이 | 불면의 시간 | 옛길 | 프로쿠루테스의 침대

어떤 사랑

　한 남자는 간이 좋지 않았다. 오십이 될 때까지 기업을 경영하느라 간이 다 녹아내려 버렸다. 겉으로 보기에는 사장이라는 직함이 남들을 부러워하게도 하였다. 그의 건강 상태를 듣고 놀라움과 안타까움을 말하면서도 도와줄 일은 그리 많지 않았다. 그는 간이식을 하여야만 살 수 있었다. 그런데 간이식자는 뜻밖에도 스무 살 초반의 같은 교회 청년이었다. 가족에게도 간을 이식 받을 수 없었던 그에게 젊은 청년이 그를 살려줄 간을 갖고 있었기에 선뜻 그 일에 나서겠다는 청년을 이해할 수 없었다.
　그 남자는 청년에게 물었다. 가족도 아닌 남에게 당신 몸 일부분인 간을 줄 수 있느냐고. 청년은 뜸도 들이지 않고 당당하게 말하였다. "저는 어르신을 눈여겨보았습니다. 교회의 일을 어쩌면 그리도 열심히 조용하게 잘 하시는지요. 평소에 그 모습을 존경했습니다. 그리고 어른이 되면 어르신처럼 봉사하는 삶을 살겠다고 생각했던 터라 우연히 어르신의 건강 소식을 듣고 주저 없이 간이식자로서의 판별을 받았습니다."라고 하였다. 남자는 청년에게 고맙다는 말을 전하고 수술대에 올랐다. 그 고마움을 어찌 말로 다 할 수 있을까. 가족도 아닌 사람의 간이 어떻게 나에게 맞는 걸까. 오만 가지의 궁금증이 그를 혼란하게도 했지만 간이식 수술은 성공적으로 끝났다. 남자는 간이식 수술 전보다 덜 활동적이나 열심히 잘 살고 있다.

그는 말했다. 내가 내 몸을 잘 돌보고 잘 살아야만이 그 청년이 내게 준 몸 한 부분을 잘 지켜주는 것이므로 그 청년을 위해서라도 잘 관리해야 한다고. 자신이 건강하기 위해 노력한다는 말의 간결한 의지와 청년을 위하는 마음이 가슴 뭉클하게 들리어 왔다.

그 청년도 말했단다. 어르신을 위해서라도 내가 건강하게 잘살아 봉사하는 모습 보여드려야 하는 거라고. 그래야만 어르신이 건강하게 살 수 있는 힘을 줄 수 있는 거라며.

그렇다. 간을 준 그 청년이 아프거나 죽는다면 그 남자는 살았으되 살아있는 목숨이 아닐 것이다. 미안함에 병이 들지도 모르니까. 서로를 위해 주는 그 마음들이 다 사랑이리라. 한 남자는 그의 의지대로 살아온 것이지만 한 청년에게는 제 인생을 다 쏟아 넣을 수 있을 만큼 경이로운 삶으로 내 가슴에 와 닿았던 것이다.

나를 멀찍이서 보고 있을 사람이 있을 수 있다. 좋은 모습으로 누군가가 보아 준다면 희망이지만 나쁜 모습으로 보여진다면 불행일 수 있겠다. 처음 본 그 순간의 모습도 잊을 수 없을 테지만 오래도록 다져진 내 모습을 보는 사람은 내게서 진실을 알 수 있을 것이다. 누가 나를 보고 이처럼 제 생애를 걸 만큼 뜨거운 사람이 되어 주겠는가. 언제 정말 나타나 주려는지.

두 남자는 서로 사랑하는 사이이다. 사랑을 아는, 진정 사랑을 할 줄 아는 사람으로 만나게 된 것이 우연은 아닌 것 같다. 제 울타리 하나 지키겠다고 늘 아우성치며 사는 나에게 사랑의 메시지를 가슴 깊이 새기게 해 준다.

요즘 청년들은 이기적이고 개인적이라 남을 돌볼 줄 모른다고 어른들은 숱하게 말을 내뱉는다. 이런 청년이 있음도 알지 못하고. 사랑은 아무도 모르게 하다가 숨어버리기 때문에 소리 소문도 없이 묻혀질 수도 있다.

나에게 이 어떤 사랑은 세상에 늘 있어 왔다고 믿어 의심치 않는 아주 가끔씩 이루어진 사랑이라고 본다. 이 세상이 허물어지지 않고 이어져가는 것은 두 사람의 사랑처럼 그렇게 사랑은 연결되어진다는 것을 말해 주는 듯하다.

돌담을 보며

 도시를 조금 벗어나면 시골스런 동네가 있어 발길이 머문다. 그곳에는 돌담으로 둘러진 울타리가 더러 눈에 들어온다. 어디서 온 돌인지 촘촘히 박혀 하나의 담이 되었다. 옛 친구를 만나 이야기 나누는 것처럼 돌담이 정겨워진다. 다양한 크기로 박혀진 돌담을 보며 누구에겐가 흘러들었던 말이 생각났다. 세상엔 쓸모없는 돌도 없고 쓸모없는 사람도 없다. 그럴까? 한참을 생각했었다.
 큰 돌은 산과 들에 그대로 있어도 멋지지만 정원의 조경이나 시비, 조각품으로 다듬어 놓으면 더욱 좋을 수도 있다. 그 옛날엔 사람이 죽으면 고인돌이 지켜주었다. 화분, 다듬잇돌, 맷돌처럼 우리 가까이에서 생활용기로 편리하게 쓰일 수도 있다. 바닷가의 모래, 강가의 자갈돌, 길에 굴러다니다 발에 차이는 돌, 아무렇게나 흙속에 파묻혀 있는 돌, 아무도 쳐다봐주지 않는 못난이 돌들이 도처에 무수히 늘려져 있다. 참 많다. 그러나 어느 날 사람들의 눈에 띄는 날엔 돌담이 되고, 길바닥이 되어 주고, 징검다리, 구들장, 고기 굽는 돌판도 되거니와 교회 성전의 제대도 되고 의자도 된다. 어릴 때 돌을 사용한 흔적들을 살펴보면 부엌 아궁이 마개, 하수구 구멍 마개, 단무지나 깻잎 지를 담을 때 눌러주는 돌들도 있었다. 절구처럼 돌 두 개를 맞대고 생쑥을 찧어 물을 마시던 아버지도 생각난다.

아무튼 돌은 사람과 항상 가까이서 친구처럼 사귀는 처지였지만 물건 되는 것만 골라 사람들이 잘 이용했던 것만은 사실이었다.

거의가 못나고 부스러기 같은 작은 돌들을 모아 돌담을 쌓는다. 적의 공격을 피하려고 성을 쌓을 때는 대개 크고 잘 생긴 돌들로 기가 막히게 잘 쌓았던 것과는 대조적이다. 하찮은 작은 돌이 한 구멍의 틈새를 막아 담을 지탱하는 힘이 되었다. 못난 돌처럼 사람이 좀 처지고 능력이 떨어지면 섣불리 그를 나무라거나 평가절하해서는 안 될 것이다.

사람도 분명 어떤 때에 필요한 한 부분이 될 수도 있기 때문이다. 별것 아닌 사람이라고 생각했는데 내게 보탬을 주는 사람도 있는 것이다. 때에 따라서는 그의 모자람이나 실수가 나의 교훈이 되어 내가 더 성숙할 수 있는 계기가 되고, 우연한 경우에 귀인을 만나 은혜를 받을 수 있으며, 명석한 자에게서 건강과 생활의 편리를 제공받을 수 있는 것이다.

쓸모없는 돌이 없듯이 쓸모없는 사람도 없다는 말은 진리로 들렸다. 우리가 돌이나 사람을 쓸모없다고 할 때는 우선 당장 필요하지 않기에 그 순간 판단할 뿐이지 후에 그 무엇으로 요긴하게 쓰여질지는 아무도 모르기 때문이다. 어쩌면 사람이나 돌도 편견과 오해 속에서 잘나고 못나고의 차이가 생겨나는지 모를 일이다. 금방 필요하지 않는 것은 대개 눈에 잘 들어오지 않는 법이다.

돌담 한 귀퉁이를 받치고 있는 모난 작은 돌 하나를 빼보라. 그 작은 구멍이 금방은 담을 무너뜨리지 않지만 눈보라와 폭풍우를 맞고 점점 넓어지기라도 하면 담은 기울고 머지않아 무너지고 말 것이다. 작은 능력, 작은 사람, 작은 것에도 관심을 놓치지 않는 지혜로움이 있었으면 좋겠다.

내 주위의 사람들과 사물들을 소중히 여기는 마음과 눈이 나에게 항상 열려 있기를 바란다. 아이들의 작은 실수를 보고 떡잎이 노랗다든지, 별 볼일 없겠다고 말을 내뱉는 사람이라면 못 생긴 돌 하나를 함부로 차버려서 그가 필요할 때 그것을 잘 사용할 수 없어 곤혹을 치르는 사람과 같다. 그는 아이의 투명한 미래를 잘라버린 파렴치한 사람이 될 것이다. 특히 자라나는 아이들에게 세상은 좋은 곳이고 살 만한 곳임을 느끼게 해주는 어른들의 내리사랑이 필요하다고 생각해 본다.

　돌담을 보다가 어린 시절 동네 어르신들이 덕담해 주시던 때가 떠올라 가슴 뭉클했다. 아마도 쓸모 있는 사람이 될 거라고 머리를 쓰다듬어 주시고 감싸주셨던 걸로 이해하게 되었다. 참 무딘 가슴을 안고 산 것은 아닌지.

　돌담에 박힌 돌들이 오랜 세월 누군가의 울타리가 되어 주고 있듯이 나도 누군가를 위한 울타리가 되어 주는 쓸모 있는 사람으로 살아가야겠다. 돌담에서 돌 하나가 빠져버려 작은 구멍이 났다면 그 구멍을 다시금 채워줄 수 있는 그런 모난 돌 같은 사람이 나였으면 얼마나 좋겠는가. 까만 얼굴에 촌스런 티가 나는 나를 보고 놀리는 사람들보다 칭찬해 준 사람들이 많았던 걸로 봐서 내 주위의 어른들은 아무렇게나 던져진 돌을 쓸모없는 돌이라고 차버리진 않았던 것 같다.

　언제 어디서든지 그 곳에 필요한 사람이 되는 것, 제 몫에 맞는 그 자리에 앉아 충분하고도 쓸모 있는 사람으로 남아 있는 사람이 그리운 지금이다.

　돌들이 서로 끼여서 담장이 되어 집과 집의 경계를 지우고 집안의 보호막이 되어 주고 있는 돌담이 참 포근하다.

구두를 잘 만지는 남자

우리 동네에는 구두를 잘 닦고 잘 기워주고, 구두 굽도 잘 갈아주는 멋진 아저씨가 있다. 구두와 가방을 수선하고 구두 약칠은 서비스하기도 하는 소탈한 분이다. 참 친절하였다.

어느 해 겨울 우연히 그 집에 구두를 수선하러 갔었다. 구두 수선방이 대개 다 그렇지만 샷시로 조그맣게 집을 지어 그 속에서 일을 하였다.

추운 겨울이어서일까. 손님으로 간 나를 춥다고 자꾸 그리로 들어오라고 했다. 구두를 많이 수선해 보았지만 굳이 안으로 들어오라고 말하는 구둣방 주인은 잘 없었다. 그래서인지 따뜻한 사람으로 느껴졌다. 들어가니 의자도 있고 난로도 있고 생각보다 공간이 작지는 않았다. 그리고 이 이야기 저 이야기로 말동무도 해 주었다. 나중에는 성당을 다닌다고 하였고 자세히 말하다 보니 나보다 신앙적으로 더 선배였다. 그러나 지금은 냉담 중이라고 하였다.

칠곡에서 자전거를 타고 복현동까지 출근하는 이야기며 옛날 성당 다녔던 이야기도 들려주었고, 그 날도 구두를 잘 고쳐 주었다. 겨울 부츠는 아저씨가 몇 번이나 꼼꼼히 손을 잘 봐주어 그날로부터 이 년을 더 신었다. 부츠는 팔 년을 신고 버린 셈이다. 구두 수선도 제때에 자주해 주지 않으면 얼마 못가 헌 구두가 되고 곧 버리게 된다는 사실도 아저씨에게 배웠다. 구두 손질법도 조금씩 알려 주기도 했다.

오늘도 아저씨 구두 수선방에 들러 어제 맡긴 구두를 찾아왔다. 언제나 다른 곳보다 수선료를 작게 받곤 하여 사천 원이면 오천 원을 드리고 팔천 원이면 만원을 드렸다. 처음에는 서로 안 받고 더 주고 한다고 실랑이를 벌인 적도 있다. 이제는 두 사람이 서로를 인정하는 사이가 되었다. 아저씨는 더벅머리에 수염도 길었지만 얼굴 모습은 참 착해 보였다. 자주 들르지 못한 적도 있었는데 잊지 않고 나를 알아보고 우리 집 구두를 다 새것으로 만들어 주었다.

언제나 말이 많고, 남들과 이야기하는 것을 좋아하는 말 많은 덕분에 천사 아저씨를 만난 것이 아닌가 생각한다. 말 붙일 때에 시큰둥하게 있었더라면 아저씨가 멋쩍어 말문을 닫았을 텐데 말하길 좋아하는 내가 그리 밉지 않았던 모양이다.

구두를 잘 만져주는 아저씨가 있는 복현동으로 구두를 자주 고치러 간다. 옷 수선과 구두 손질은 예전에 내가 살았던 그곳으로 간다. 이곳은 아직 낯선 삶의 전선지대, 하루에도 몇 가지 볼일들이 많아 나를 바쁜 몸으로 움직이게 하지만 복현동을 스쳐 지나칠 일이 있다면 옷가지와 구두를 비닐주머니에 담아 나선다.

아저씨 가게에 딸아이의 신발을 내민다. 반갑게 인사해 주는 아저씨 눈길도 잠시뿐, 나는 아저씨의 억센 손 살가죽에 눈이 머물고 말았다. 오랫동안 구두를 만지다 보니 손도 거칠어졌나보다. 그러면서 가게 안 모퉁이 의자에 으레 앉으며 근황인사를 한다. "이사는 잘 하셨지요?" 아저씨는 내가 말하지 않았는데도 나의 소식을 잘 알고 있었다. "예, 후다닥 초읽기로 이사 결정을 하고 움직이느라 제 정신이 아니었어요." "소문 들은 건데 사람들이 다 잘된 거라고 하던데요."

아저씨는 말을 하면서도 구두를 만지고 고개를 끄덕여가며 자신의 가정 이야기도 털어놓았다.

"우리 집도 칠곡에 있는데 재건축을 한다고 하네요. 몇 번이나 그 집을 팔아넘길 위기가 있었는데 우리 집사람이 이 집만은 놓치기 싫다고 해서……. 지금으로 봐서는 잘된 것 같아요. 집사람은 살림도 잘하지만 아이들 교육도 잘 시킨답니다."

"그래요! 그럼 아저씨는 행복하시네요."

그렇게 이야기는 중반으로 넘어갔다. 첫째 아들을 몇 년 전 수막염으로 하늘나라로 보낸 일이며, 둘째 아들은 카이스트(KAIST) 학생인데 올 여름에는 교수님이 추천하여 미국 연수를 가게 된다는 기쁜 이야기도 들려주었다. 아버지의 직업이 행여 아들의 장래에 흠이 되지나 않을까 염려하면서도 배운 직업이라 열심히 구두를 만질 거라고 다짐하셨다.

아저씨는 가정을 위해 해줄 수 있는 것이라고는 구두 가게에서 구두를 충실히 잘 만져주는 것이라고 했는데, 이 말에는 가슴이 찌릿찌릿해 옴을 느꼈다.

어느 날 음료수 한 박스를 아저씨에게 내밀었다. 매번 헌 구두를 새 구두로 만들어주는 데 대한 고마움의 인사였다. 구두를 잘 만지는 아저씨가 두고두고 내 머릿속에 오랫동안 남아 있을 것 같다. 집으로 돌아오는 차 속에서 아저씨를 떠올렸다. 큰아들을 잃고 실의에 빠졌을 그때의 슬픈 이야기가 가슴을 적셨다. 삶의 용기를 잃지 않고 오뚝이처럼 살아가는 아저씨는 하느님이 계시다는 것을 다시 알았고 이제 성당을 나가게 되었단다. 주어진 일에 최선을 다하려는 아저씨가 '으뜸 직업인'임을 언젠가 말해주고 싶다. 헌 구두를 새 구두로 바꾸어 주는 좋은 일을 하는 아저씨가 차라리 부럽다.

미지근한 커피처럼

　비가 내리거나 눈이 오는 날이면 누군가와 차 한 잔이 그립다. 사람의 온기처럼 36.5℃의 차 한 잔이 생각나는 것은 왜일까. 이럴 때 가끔은 어렸을 때 엄마가 마련해 준 무쇠솥 안에 담긴 숭늉도 생각난다. 열기로 입술을 적시던 숭늉이 누구랑 팔짱을 끼거나 어깨동무를 한 것처럼 따뜻하게 해 주었다. 더욱이 숭늉의 구수함을 즐겼는데, 누룽지 푹 퍼진 건더기를 건져 먹었던 기억이 새록새록 묻어 나온다.
　겨울이면 추운 몸을 녹이게 하려고 숭늉을 자주 마시게 하였던 엄마였다. 그래서 무쇠솥 아궁이는 불씨가 죽지 않고 살아 있었다. 펄펄 끓인 숭늉 국물을 엄마는 반강제적으로 마시게 하였다. 특히 편도선염이 있을 때면 뜨거운 국물이 목젖을 소독한다고 마구 먹였던 것이다. 얼마나 뜨거웠던지 입천장과 혓바닥이 헐고 델 정도였지만 거역하지 않고 먹어 주었다. 목구멍으로 뜨거운 것이 흘러내릴 때에는 펄쩍 뛰기도 하였다. 그 뜨거운 숭늉을 먹으면 센소리도 그치게 하고 목도 나아진다는 말에 순전히 주면 마셨던 것이다. 도리어 입과 목이 헐어 염증이 생길 것 같은 염려가 있었다 해도 엄마의 그 정성어린 숭늉을 거절할 수는 없었다.

겨울철은 언제나 뜨거운 것을 마실 수 있었던 그때의 우리 집이 정겹게 그려진다. 또 감기몸살이라도 하는 날이면 알루미늄 노란 주전자에 펌프질해 올린 물을 받아 펄펄 끓이다가 그 물에 하얀 설탕을 넣어 마시게 하였다. 그러면 이상하게도 감기몸살은 달아나 버렸다. 된장국도 얼마나 뜨겁게 상 위로 내놓는지 된장국을 뜨는 쇠숟가락이 열에 달아 입술을 데게 한 적이 한두 번이 아니었건만 엄마의 그 정성엔 모두 굴복하고 말았다.

이런 뜨거움에 대한 기억이 나에겐 불안의 씨앗이 되었다. 커피나 녹차, 그 어떤 것도 36.5℃의 미지근한 상태를 좋아하게 된 것이다. 모름지기 커피는 뜨거울 때 마셔야 맛이 난다고 하나 그것에 대한 내 대답은 언제나 부정적이다. 뜨거운 커피가 나오면 언제나 찬물을 부어 온도 조절을 한 후에 마시는 습관이 있는 걸 어쩌란 말이냐.

꽁꽁 언 아이스크림도 잘 못 먹는다. 36.5℃보다 낮기 때문에 혀로 아이스크림을 빨아 입안에서 다 녹여 목으로 넘어가게 한다. 보통사람들보다 두 배의 시간이 걸려야 아이스크림을 다 먹을 수 있다. 한여름 더운 날씨에는 녹아내리는 아이스크림을 재빨리 핥아 먹어야 하는 번거로움 때문에 사람과의 만남에서는 되도록 피하고 집에서 먹기를 원한다.

모든 종류의 음식은 다 미지근한 삼십육점오 도가 좋다. 언제부터인가 내 체온과도 같은 차 한 잔이 내 입 안을 적실 때, 가장 감미로운 맛이 난다고 느꼈다. 이때 많은 생각들이 교차되고 아득한 먼 옛날의 기억까지도 더듬게 된다. 그리고 먼 훗날의 나를 그려내며 웃음짓곤 한다.

이렇듯 미지근한 차 맛에 길들여진 나여서일까, 나의 삶도 어느 새 미지근한 상태가 되어버린 지 오래이다. 미지근한 삶으로부터 행복을 느끼기를 좋아하는 여자가 되었다. 날렵한 몸매의 여자가 아니고 무거운 몸매로 하루를 걸어야하는 오십 초반의 여자여서 그런 것만은 아니리라. 내 안엔 삶의 열정이 식을 줄 모르고 너무나 뜨거워 나를 표출하는 역설로 택한 것이 미지근함이었을 것이다. 그래서 웬만한 어려움도 잘 견뎌낸다. 인내력이 강하고 어지간한 울분도 잘 삭힌다. 슬픔과 기쁨도 잘 조절하여 빨리 추스른 다음 본연의 상태로 돌아오기를 잘 하는 편이다.

생각해보면 뜨거움을 알았기에 미지근함을 맛들이는 사람이 된 것이다. 정감이 미지근하여 누구라도 오래도록 손잡고 있어도 좋을 사람으로 남고 싶다. 미지근함은 권태롭지 않으며 서두르지 않을 뿐만 아니라 기다림을 즐기는 편이다. 뜨거웠을 때 식기를 기다리고, 차가울 때 따뜻하기를 바라는 마음처럼 기다림의 표현은 미지근함이라 말할 수 있으리라. 행복할 때 불행할 것을 예견하고 행복을 나누듯이, 불행할 때 행복할 것을 바람하며 불행을 작게 받아들이는 미지근함의 철학은 내 오랜 삶의 방향이 되었다.

 오늘도 차 한 잔을 마신다. 뜨거우면 기다렸다 마시거나 찬물을 보태고, 차가 식어 차가워졌다면 따뜻한 물을 보태어 마신다. 그 차마다의 독특한 향기에 취하는 내가 아니라 차의 온기에 내 마음을 다 건네받는 미지근한 맛의 자유만 누리면 되는 것이다.

 생각건대 내가 뜨거운 커피처럼 열정적으로 인생을 살았다면 지금의 내 인생을 반 토막으로 만들어 놓았을 위험도 있었을지 모르겠다. 활화산처럼 뜨거워 다가갈 수 없는 산도 아니며, 빙하로 덮인 산이라 걸어 올라갈 수 없는 그런 산 같은 존재도 아닌, 언제라도 완만한 능선을 타고 오를 수 있는 작은 동산 같은, 그래서 누구든지 찾아와 놀다가고 만나면 즐거운 공간이 되고픈 것이 나였으면 좋겠다. 미지근함은 튀거나 처지는 그런 따위가 아니다. 보이지 않은 것 같은 데 그 곳에 필요한 존재로 서 있고, 없는 것 같은데 있을 그 자리에 언제나 서 있는 존재인 것인 것이다. 사람의 눈길에 요란하지 않으며 그렇다고 추하지도 않다.

미지근함은 한마디로 내 마음의 여유이다. 내 마음이 여유롭지 못할 때 미지근한 차 한 잔을 마신다. 미지근함의 여유로 멋을 부리면 그 날 그 시간은 최상의 선물이며 행복이기 때문이다. 왜 뜨거운 커피를 마시지 않느냐고 반박하는 사람에게 언제나 하는 말이 있다.

"제 삶이 미지근하다보니 커피도 미지근한 것을 좋아하게 되네요. 어쩌죠?"

비나 눈이 오는 날이면 몇몇 사람들에게 메시지를 보내본다. 차 한 잔 하고픈 날이네요. 어때요? 그러면 각각의 사연들이 메시지로 돌아온다. 수도 없이 미지근한 찻잔을 들고 허공을 바라보며 차를 마신 날이 적지 않았음은 미지근한 삶이 나만의 방패였던 것일까.

미지근한 차 한 잔에 내 마음을 싣는다. 내 사랑을 그린다. 내 인생을 펼친다. 내 생각을 모은다. 내 젊음을 색칠한다. 저녁노을에 노년이 어린다. 그 빛이 미지근하다. 찻잔에 내 온기가 숨쉰다. 미지근하다.

감

　이화여대 기숙사 숏을관 뜰엔 감나무가 있었다. 긴긴날의 시험 준비로 이십대의 청춘을 고스란히 책과 씨름하며 보내야만 했던 딸은 그 해 감나무에 열린 감은 내년에 보지 말아야지 했단다. 추수하는 감과 함께 기숙사를 기쁘게 떠나리란 생각을 하였단다. 낙방하고 창밖을 바라보면서 감나무에 달린 감을 보며 울먹였을 딸을 생각해 본다.
　요즘 사람들은 사법시험을 9급공무원 고시보다 못하다고 빗대어 말해주기도 하였다. 연금보장이 약하고 취업이 예전 같지 않아 시험에 합격하고도 애를 먹는 현실을 익히 잘 알고 있기에 그렇게 말하는 것이리라.
　작년 딸이 가져온 감은 기숙사를 떠나오는 날, 경비 아저씨가 따다가 주었던 것이다. "이제 기숙사를 영영 떠나는구나. 이 감을 먹으며 그동안의 수고를 생각하고 힘들었던 것에 대한 추억을 떠올려 보아라." 수험생들의 수고를 아는 아저씨의 정감어린 마음이 담긴 한 개의 감이었다. 학교 기숙사를 마감하는 기념의 감이기도 하였다. 딸은 그 감을 받는 순간 엄마에게 주어야겠다고 생각했단다. 감을 좋아하는 엄마를 보고 딸은 결혼해서 엄마를 보러올 때, 감만 사들고 오면 되겠다고 농담했던 적이 있었기에 쉽게 그런 생각을 하였을까.

감은 주홍색이지만 수분이 빠져 껍질째 곶감이 되어버린 듯했다. 쭈글쭈글 할머니 뱃가죽 같았다. 서울서 며칠을 지내고 온 십일월의 감은 생감이 아닌 익을 대로 익어 만져도 터지지 않는 완숙한 감이었다. 만약 또 한 해를 더 매달려야 하는 감나무의 감 신세가 되었더라면 얼마나 비참해 했을까. 그런 패배의 해를 여러 번 겪어내며 딸이 견뎌냈을 인내를 생각하니 눈시울이 적셔졌다. 그동안 시험에 덥석 붙지 않았다고 행여 자존심 상하는 말은 하지 않았는지 곰곰 생각하게 하였다. 감을 받으며 마음으론 울고 얼굴은 웃음 지었지만 만감이 다시금 교차되는 순간이었다.

이십대의 마지막 해에 젊은 날의 꿈을 얻었던 것이 하늘의 은총이라 감사한 마음으로 감을 만져본다. 그 감을 금방 먹을 수 없어 식탁 한 곳에 두었다.

며칠 뒤 난 생각에 잠겼다. 감과 사람은 결국 재가 된다는 것에 이르렀다. 감은 사람을 통해 먹어져 영양이 되기도 하고 거름이 되어 사라지기도 한다. 사람은 살다가 죽어 흔적 없이 흙으로 돌아가는 것인데 그 과정이 만만치 않음을 살면서 수없이 느낀다. 한 해를 잘 보내기 위해, 좋은 열매를 맺기 위해 노력하는 감이, 사람이 흘리는 땀의 결실을 안다면 그 맛은 감의 맛일 것이다. 감칠맛 나는 단맛이다. 떫은맛은 삼킬 수도 없는 것이니 단맛이 나도록 감도 사람도 영글기 위해 한여름을 견뎌내는 것이다.

솔직히 나는 젊은이들처럼 꿈을 가지고 살았으며 그것에 최선을 다하기 위해 달려왔는지 반성도 해본다. 잔꾀로 하루를 보내지 않았는지, 남을 위해 약간의 배려라도 있었는지, 그리고 감정조절을 잘하고 살았는지, 스스로 내 인생의 시험지를 풀어보고 채점을 해본다. 딸이 준 감 선물은 내게 무언의 의미를 전해주는 듯했다. 감처럼 완숙한 사람이 되도록 힘쓰라는 메시지가 담겨져 있는 듯했다. 벼는 익을수록 고개를 숙인다는데 참으로 가벼운 자신이었음을 고백한다. 지금부터라도 꿈의 노트를 적어보고 남은 인생 잘 살아보리라 다짐해본다.

올해도 이화여대 솟을관 기숙사 뜰 감나무엔 감이 열려 있겠지. 많이 열렸으면 한다. 아직 떫은 생감이겠지만 장마가 지나고 무더운 여름이 지나면 감은 점점 달게 익어갈 것이다. 많이 열린 감만큼 많은 딸들이 올 십일월에 감을 받아 안고 기숙사를 빠져나오기를 바람해 본다. 다음해엔 그 감나무의 감을 보지 않도록 마음의 수고를 덜어주고프다. 내 딸들과 같은 엄마로서 안타까운 마음이 앞설 뿐이다.

감꽃이 피는 요즘이다. 작년 딸이 주고 간 감을 먹었을 때 울먹여졌던 감회가 새롭다. 지금도 쉽지 않을 시간을 보내고 있을 딸에게 힘찬 응원을 보내고 싶다. 익기 전에 떨어지는 감이 되지 말기를. 꼭지가 튼튼한 사람이 되어 가장 적절한 시기에 잘 익은 사람으로서 사회에 유익한 모습으로 살아남기를. 그리고 씩씩한 감나무처럼 열매 맺는 인생의 가을이 오기를 진정 바람해 본다.

잡초를 뽑던 날

칠월의 어느 날 잡초와 꽃들이 어지럽게 자라는 화단이 미웠다. 장마로 웃자란 풀은 봉선화보다도 키가 더 컸다. 허리를 구부려 잡초를 모조리 뽑아내어 느티나무 그늘에 던져 버렸다. 풀들이 마르고 나면 쓰레기봉투에 담아 넣을 셈이었다. 강한 햇살과 바람에 빨리 말라지기를 기다리며 돌아섰다. 훤한 화단이 마음에 들었다. 이발을 한 사람처럼 단정한 화단이 좋았다. 담장 밑에도, 텃밭에도 잡초가 무성하여 다 뽑아 던졌다. 속이 후련하고 땀이 등을 타고 내려도 보람이 있는 듯했다. 그만한 일에도 옆구리와 허벅지가 당기고 아팠다. 매일 하던 일이 아니라는 걸 알려주기라도 하듯이.

며칠 후, 그늘 밑에 던져진 잡초를 한움큼 쥐고 뒤적이다가 깜짝 놀라고 말았다. 마른 풀섶 안 눌려진 풀 옆구리에서 하얀 실뿌리가 자라나고 있었던 것이다. 세상에. 이 갑갑한 곳에서. 죽기를 바라고 뽑아 던진 풀인데 살려고 이렇게 몸부림을 치고 있었구나. 생명을 지켜내려고 그 여린 발을 내미는 풀에게 연민의 정을 느꼈다. 정신이 깜짝 들었다. 이 잡풀의 생명력이라니. 땅에서 뽑혀 나와서도 포기하지 않고 살아내기 위한 그 용기가 너무나 가슴을 찡하게 만든 것이다.

나보다 낫다는 생각이 들었다. 어차피 죽음을 각오한 잡초인데 화단에서 뽑히면서 모든 것을 다 내려놓고 포기하고 죽을 수도 있는 보잘것없는 풀이 나에게 생명의 소중함을 가르쳐 주었다. 이 풀을 살려야 하나 버려야 하나 망설여졌다. 가까스로 목마른 입을 축여가며 제 스스로 살기 위해 투쟁한 며칠간의 시간들이 눈에 밟혔다. 그러나 이제 풀을 다시 심어 살릴 수는 없겠다는 쪽으로 마음이 굳혀갔다. 그 대신 화단의 풀은 더 이상 뽑지 않겠다는 약속을 하고서 돌아 나왔다. 폴이 잘 마르도록 펴서 널어놓고는 '참 이게 뭐하는 짓이지.' 하고 암울해 했다.

화단은 꽃들만 자라는 곳은 아니다. 잡초들과 어울려 살아도 된다. 꽃이라는 특권 의식을 이제 버려야 꽃도 살 수 있다. 지금은 환한 뜰에서 봉선화만 꽃을 피운다. 더 잘 보이긴 하나 녹색의 풀들이 없는 꽃은 싱그러움이 덜하다. 한 달 뒤가 지나면 꽃들과 잡초가 엉키어 자라는 것을 볼 수 있으리라. 어느 것도 내가 먼저 그것들의 생명을 뽑아내지는 않을 것이다. 작은 생명의 꿈틀거림을 본 이상 함부로 잡초라고 뽑아내 던지는 무례함을 보이진 않으리라. 한 포기의 풀도 그러할진대 사람으로 태어나 쉽게 꿈을 포기하고 힘들고 어려운 일은 내가 왜 해야 하느냐고. 못하겠다고 이 핑계 저 핑계 대었던 때도 있었다. 그때가 생각나 고개가 숙여지고 볼이 발개진다. 내가 나를 위해 얼마나 노력하였고, 얼마나 성실한 자세로 나를 보듬고 살았는지 뉘우쳐 보았다. 한 포기의 잡초 같은 내 인생일지라도 하얀 실뿌리 내리는 강한 생명력을 가지고 죽는 그날까지 버텨내는 끈기를 배운 그 해의 여름이었다.

이로운 것과 해로운 것의 차이를 어떻게 정리해야 할지, 어느 선에다 그 경계를 두고 결정해야 하는지. 이 복잡한 심정은 갈팡질팡할 때가 참 많다. 사람이 하나의 일을 결정하는 것이 얼마나 어려운지를 살아가면서 더욱 실감하는 부분이다. 잡초는 다함께 어울려 살기를 원하는데 꽃만 보고 잡초를 뽑았던 것이 실수라면 실수랄 수 있다.

봄이 오면

　이월의 찬바람 속에는 겨울의 끝인사가 담겨져 있습니다. 이 바람이 이제 겨울 마지막 바람이 될 거라는 느낌을 받으면 괜히 숨이 가쁜 것 같고 마음이 바빠집니다.
　겨울나무는 두세 달 동안 자신의 몸 전체를 그지없이 다 내어보여주고 있습니다. 그 실가지들이 펼쳐져 있는 한 줄기를 따라 눈을 이어가다보면 끝은 항상 하늘로 닿아집니다.
　어느 해인가 남편의 발령지가 하동이었을 때, 겨울의 마지막 자락 이월 끝에서 지리산 산행을 한 적이 있습니다. 눈이 쌓여 있는 산길을 입산금지령이 내려진 것도 모르고 한 골짜기를 택하여 들어가게 되었던 것입니다. 겨울 끝 무렵의 폭설은 입산금지령을 내릴 만큼 충분히 쌓여 있었습니다. 하얀 눈 위에 짐승의 작은 발자국들이 선명하게 찍혀져 있고, 곰이나 호랑이 발자국 같은 큰 짐승의 발자국도 보였습니다. 큰 발자국을 보았을 때는 '악' 소리를 지르기도 하였습니다. 미끄러운 길에서는 쓰러지고 넘어지기도 하면서 설국을 만끽하였던 날이었습니다.

날을 잘못 택해 산행하다가 천국 가면 좋은데, 이대로 죽으면 지옥 갈 것 같으니 서로 죄 지은 것이 있으면 고백해 보자고 말했습니다. 서로 먼저 이야기 해 보라고 말씨름도 했습니다. 아무도 없는 산속에 두 사람만이 갇혀있는 것 같은 공포로 두근거리는 가슴을 쥔 채, 돌아갈 수도 없고 앞으로 안 갈 수도 없고 막막했지만 계속 앞을 향해 걸어가고 있었습니다. 정말 겁이 났고 어떻게 하든지 빨리 산행을 끝내고 싶었습니다. 발걸음은 빨라지고 산을 속히 내려가야만 한다는 일념뿐이었지요.

멀리 쌍계사가 보이고 마을이 드러날 때쯤 사람이 나타났는데 사람을 보는 순간 더 놀라 '악' 소리를 질렀습니다. 놀라기는 저쪽도 마찬가지였어요. 입산금지여서 사람이 없을 거라고 생각하고 고로쇠 수액 채취를 위해 눈사태를 염려하며 오던 마을 주민에게는 우리 두 사람이 짐승보다 더 무서웠나 봅니다. 아마도 이때를 두고 살아오면서 지은 죄가 어느 정도인지를 알 수 있는지도 모르겠습니다.

그래도 그 날 난생 처음 고로쇠 물을 마실 수 있었던 것이 큰 수확이었습니다. 고로쇠나무들은 가느다란 호수를 옆구리에 꽂은 채로 수액을 밖으로 내 보내고 있었습니다. 사람이 수혈할 때처럼 그 끝에는 비닐봉지가 달려 있었습니다. 사람은 살기 위해 수혈을 받는다하지만 고로쇠나무는 사람을 위해 자신의 수액을 밖으로 내보내는 아픔을 감당한다는 것을 알았습니다. 나무마다 가득 담겨진 고로쇠 물을 마을 사람들이 받아 모아서 원하는 사람들에게 팔았습니다. 넘쳐나는 그 수액을 주인이 안 본다고 몰래 마시긴 했지만 그들은 돈을 만들고자 그렇게 많이, 길게 호수를 나무에 연결하여 두었는지를 정말 모르고 행한 것입니다. 마을 어귀로 내려오면서 그 분들의 수고를 헤아리지 않을 수 없었습니다. 수백, 수십 미터를 호수로 연결하여 말 통에 공동으로 담아내는 노력은 대단했습니다.

고로쇠 물은 사람의 속을 깨끗이 씻어내는 정화작용을 하기에 건강한 몸을 만들어 준다고 많이들 사서 마셨습니다. 중금속과 갖은 먼지를 먹고 사는 도시인들의 몸에는 그것들이 구석구석 몸에 쌓여 있다고 합니다. 그렇기 때문에 건강을 찾아주는 이 좋은 물을 마셔야 한다고 계모임이나 회사 회식 날에는 인근 마을에 방 하나를 얻어 놓고 밤새도록 마시고 화장실을 드나든다고 했습니다.

고로쇠 물은 이렇게 사람의 육신을 씻어주지만 사람의 마음까지를 다 씻어내지는 못할 것입니다.

봄을 생각하면서 이월엔 겨울 내내 쌓여 있던 먼지들을 대청소 하듯이 이제껏 내 마음에 갇혀져 있던 헛된 욕망과 먼지들을 이월 바람에 털어내고 싶습니다. 가장 깨끗한 마음으로 산뜻하게 봄의 향연에 발돋움하고 싶기 때문입니다. 유난히도 지난 겨울에는 마음속에서 떨어내지 못한 이야기들이 구석구석 뭉쳐져 있음을 느낍니다. 이월의 바람 앞에 가슴을 내밀며 서 있고 싶습니다. 그 뒤에라도 꽃샘추위가 몇 번씩 찾아와서 제 가슴을 칠 것입니다. 꽃샘추위는 못다 한 마음의 청소를 다시금 해보라고, 저를 재확인시키고 더욱 깨끗한 마음이 되게 하는 기회를 주곤 할 것입니다.

봄이 오면 나무들은 실가지마다 여리고 고운 잎사귀들을 꿰어답니다. 그래도 눈길은 잎을 따라 가다가도 닿는 곳은 하늘이 될 것 같습니다. 어느 시 속의 한 구절처럼.

"하늘을 우러러 한 점 부끄럼이 없기를 잎새에 이는 바람에도 나는 괴로워했다……."

이월의 바람 속에서 봄이 오면 어떤 모습으로 남아 있어야 할 것인지를 곰곰 생각해 보았습니다.

전원의 꿈

　강이 바라다 보이는 시골 언덕에 보금자리를 틀고 싶었다. 이것이 내 평생의 꿈이기도 했다. 내가 심고 싶은 나무와 꽃을 심을 수 있는 정원이 있는 집, 작은 식물원도 만들고 싶었다. 고급 식물보다 촌스럽고 흔한 부담 없는 나무와 꽃을 심는 것이다. 얕은 산도 배경이 되어 주길 원했다. 여름엔 강물소리를 들을 수 있고, 겨울엔 언 강을 건너도 보고, 이른 봄 강물이 녹기 시작할 때 새벽녘에 얼음 깨지는 소리를 들을 수 있는 그런 곳이기를 원했다.
　대구를 떠나 울산에서 이십삼 년을 살다 왔다. 이십이 년을 대구에서 살다 간 나는 고향의 세월보다 거의 같은 해를 울산에서 보냈다. 제2의 고향은 울산이 되었다. 언제든 고향에 온다고 처음으로 두산동에 칠십한 평의 집터를 사났다. 빈터는 처음에는 넓어

보였는데 볼수록 작았다. 아이들에게 이 땅에 집을 짓고 꽃과 나무를 심고 동물원도 만들 거라고 부풀려 말했다. 아이들 눈에는 넓어 보였는지 좋다고 박수를 치고 빙빙 돌았다.

큰애 한 명만 있을 때에 고속버스를 타고 대구와 울산을 오갈 때였다. 한 시간 삼십 분의 소요 시간이 아이가 잠자는 시간과 맞아 떨어지면 빨리 닿는 것 같지만 깨어 있을 때는 정말이지 도착 시간이 늦어지는 것 같았다. 그럴 때 작은 소리로 노래도 같이 하고 율동도 하며 새로운 질문에 답하느라 진땀이 났다. 버스 안 손님들이 시끄럽다 할까봐 이리저리 눈치가 보였다. 이야기 거리가 없을 때 하던 말이 바로 내 꿈이었다.

은아, 우리 나중에 땅 사서 예쁜 집 짓고 마당에는 꽃과 나무를 심자. 그리고 병아리, 토끼, 다람쥐도 기르자. 그러면 딸은 사자도 코끼리도 기린도 기르잔다. 꽃은 무슨 꽃을 심느냐면 채송화, 접시꽃, 나리꽃…… 내가 아는 것만큼의 꽃 이름들을 다 늘어놓는다. 어떤 나무를 심지? 나무 이름을 다 말하는데 그리 오래 버티지 못하고 말을 돌리곤 하였다. 지식이 없다고 식물을 못 키우는 것은 아니리.

어느덧 세월은 큰애가 결혼을 하게 되었다. 지금도 아파트에서 살고 있다. 팔공산으로, 가창으로 전원주택을 사던지 지어볼까 하며 수없이 다녀 보았지만 포기하고 말았다. 낮은 좋은데 밤이 무서워 살 수가 없을 것 같았다.

어릴 때는 부모님이 밤에 제사 지내러 시내 가셨을 때 어린 형제들은 노래를 부르거나 게임을 하며 무서움을 떨쳤다. 어른이 된 지금 밤이 무섭다고 마냥 노래 부를 수는 없겠다. 혼자일 때는 찜질방에나 가서 밤을 잊고 와야 할 것도 같았다. 이래저래 다 따지니 전원의 생활은 그야말로 꿈일 뿐이었다.

도시를 조금 벗어나면 아름다운 풍경의 전원이 펼쳐진다. 그 곳에 예쁜 집이 있으면 얼마나 부러운지. 또 꿈이 도진다. 전원에서 살고 싶은 생각에 미리 이사 계획을 하고 마음속으로 설계를 하면서 이 집을 몇 번이나 팔고 주워 담았는지 모른다.

용기 있는 자만이 전원의 생활을 누릴 것이다. 이루지 못한 내 꿈의 한 가지가 전원의 꿈이 될 것만 같다.

화투놀이

 아주 먼 날, 이른 새벽이면 아버지의 화투장 넘기는 소리를 듣고 잠이 깬다. 새벽 잠 없는 아버진 그날의 날씨와 운수를 화투장으로 알아보신다.
 내가 어릴 땐 집집마다 화투를 사두고 있었다. 국방색 군용 담요를 갖고 있으면 화투장 펼치는 데 그것만큼 좋은 것도 없었다. 그때는 집을 방문하면 화투치는 것이 놀이 문화였다. 친구들끼리는 주로 민화투를 쳤다. 오빠들이 친구들과 화투를 칠 때 잔심부름해 주며 어깨 너머로 민화투를 배웠던 것이다. 그 당시 유행하는 육백은 아버지에게서 배웠다. 아버지와 마주앉아 치곤했다. 오랜 병석에서 유일한 낙이 화투였던 아버지는 벗이 필요하셨을 것이다. 혼자서 화투장을 펼치시다가 나를 보면 한 판 치자고 하셨다.

마치 부자 간에 장기를 두듯이 부녀가 화투를 쳤던 것이다.

화투는 참 재미있었다. 내가 화투에 푹 빠질 즈음이면 이제 그만하고 일어나 네 일 봐야지 하시면서 단번에 화투장 담요를 반으로 접으셨다. 한참 재미있는데 끝내는 그 아쉬움을 무어라 표현해야 할까.

그 쾌감을 잊지 못해 몰래 하게 되었다. 식구들이 없는 틈을 타혼자 육백을 쳤다. 마주할 사람은 없어도 상대가 있는 것처럼 화투장을 놓고 쳤던 것이다. 어쩌다 식구들이 들어오는 인기척이 나면 얼른 감추고 태연히 공부하는 척했다. 학교를 가도 친구를 만나도 화투장만이 눈앞에 아른거릴 뿐, 공부도 되지 않고 친구들과의 노는 시간도 즐겁지 않았다.

이러니 학교생활도 대충이고 집으로 빨리 돌아와 화투 칠 궁리만 하게 되었다. 농사일 거들어 주는 것도 속전속결로 마쳤다. 빛의 속도로 끝내고 집으로 향했다. 겉으로는 참 착실한 소녀로 보였다. 그러다가 학교에서 선생님의 질문에 답을 못하는 날이 점점 많아졌다. 결국 혼날 일이 잦았다.

그러던 어느 날 오후, 심란한 마음에 강둑길을 찾아 나섰다. 강둑에 앉아 골똘히 내 자신을 생각해 보았다. 내가 무엇이 되려고 벌써 이러는지, 노름꾼은 그 버릇을 고치고자 해도 쉽지 않았다는 말이 떠올랐다. 궁지에 몰리면 아내를 팔고, 다시는 화투를 하지 않겠다고 손을 잘라도 그 버릇이 없어지지 않더라는 말이 내 가슴을 울렸다. 지금 내가 하고 있는 작금의 이 짓거리가 노름꾼과 다를 것이 없겠다고 생각하니 괴롭기만 했다. 단발머리를 양손으로 쓸어내렸다가 다시 움켜쥐며 내 미래를 생각하기 시작했다.

열심히 살아서 토실한 열매를 맺는 인생이 되어야겠고, 비록 작은 열매밖에 못 맺을지라도 애써 노력해보는 사람이어야겠다고 입술을 깨물었다. 앉아 있는 왼쪽은 유흥지요 오른쪽은 명화처럼 운치 좋은 풍경이었다. 자리에서 박차고 일어나 집으로 돌아오면서 세상은 내가 앉아 있던 곳과 같다고 느꼈다. 자신이 어느 길을 가느냐에 따라 그 길이 향락적일 수도, 아니면 희망적일 수도 있겠다는 생각이 들었다.

그날 이후로 난 화투에 거의 손을 떼고 산다. 이웃에서 친구하자며 고스톱을 배워보라고 말해도 거절한다. 그때의 경험을 이야기해 주고 화투를 치지 않는 이유를 설명해 줄 때가 많다. 그러면 그들은 말했다. 화투처럼 멋진 놀이는 없는 거라고. 남의 말 하지 않고 오로지 화투만 치니 말싸움 할 일이 없다고 한다. 더 매력적인 것은 화투를 펼칠 때마다 늘 새로운 세계에 대한 희망이 열리게 된다는 것이다. 그것을 안다면 안 치고는 못 배길 거라며 나를 설득하였다. 그래도 난 화투의 유혹에 넘어가지 않았다. 그렇다고 재미없는 생활을 한 것도 아니다. 결코 내 삶이 타인에 비해 재미가 없었던 것은 아니라고 용기 있게 말할 수 있다. 그날의 내 결심은 아직도 변함이 없다. 토실한 열매를 맺기 위해 지금도 끊임없이 열심히 살아가고 있는 중이다. 조금이라도 후회를 덜 하는 자신이 되기 위해 무지 힘쓰고 있다고나 할까.

그 옛날, 아버지에게 육백이란 화투놀이를 배워 맺고 끊을 줄 아는 능력을 길렀기에 좀체 유혹의 늪에 빠지지 않는다. 스스로 도통하는 소녀가 될 수 있었던 것은 아버지로부터 잘 배운 화투놀이 덕분이라고 말하고 싶다. 앞뒤가 맞지 않는다고 누군가가 반박할지 모르지만.

불면의 시간

언제부터인가 갱년기 증상이 시작되었다. 여자의 일생이라고 덧없기만 한 것은 아닐진대 의욕이 줄어들고 조금은 우울했다. 결혼이란 것은 나보다 식구들을 우선으로 생각하게 하였다. 무엇 때문에 그토록 바빴는지 되돌아보니 나를 위해 산 시간은 작아 보였다. 내 몸과 마음도 굳어져 가는 것을 느꼈다.

아! 나에게도 올 것이 오고 말았구나. 예전 같지 않은 몸의 상태는 표현하기도 미묘하였고, 어떤 현상은 예측불허였다. 열이 얼굴로 오르지 않고 종아리에서 놀다 가곤했다. 갑작스럽게 뜨거운 난로 곁에 있는 듯한 착각을 불러 일으켰다. 전율에 놀라 불에 덴 건가 하고 손을 대어보면 멀쩡한 종아리가 펄떡거린다. 깜짝 놀라 매만지면 열은 금세 사라졌다. 쉬 피로하고 눈이 아프고 사물은 흐려 보이기 일쑤다. 잠을 청하면 잠은 도망을 갔다. 처음엔 잠이 많아 하던 일도 못하던 때가 있었는데 잠이 안 오니 신났다. 새벽 다섯 시까지 연 이틀 그림을 그렸다. 낮에도 잠은 오지 않았다. 그러자 일주일을 몸살하고 말았다. 잠이 안 와도 쉬어 주어야 하는데 내심 안 오는 잠을 즐기며 사십팔 시간을 뜬눈으로 작업을 하였으니 엄청 심한 몸살을 하지 않을 수 없었던 것을 후에 알았다.

이제 마음은 젊지만 몸은 노화의 길로 접어들고 있다는 경고를 받은 셈이다. 그 뒤로도 찾아오는 불면을 어떻게 잘 다스려볼까 생각하며 나름 슬기로운 대처 방안을 찾아보기로 했다. 눈을 감고 이 생각 저 생각을 하다 보니 내 성찰의 시간이 되어갔다. 잘한 것보다 못한 것이 더 많은 서투른 인생이 서글프기도 했다. 그러나 이내 마음을 바로잡고 누구보다도 부족한 자신을 그래도 연마하느라 노력하였던 것에 대한 희열도 있었다. 불현듯 불면의 증상에 의미를 부여하기 시작하였다.

잠을 억지로 청하여도 쉽게 들지 않는 것처럼 모든 것도 내 뜻대로 되는 것이 아니니 간절히 기도하는 마음으로 순리대로 받아들이고 기다리기로 하였다. 그런 믿음으로 꿋꿋하게 나아가는 힘을 얻게 되었다. 머지않은 날, 영원히 잠들 때를 생각해 보라고, 그런 날들에 대한 역전이 현상임을 깨달아 보라는 것으로 눈치를 챘다. 생의 고귀함에 대한 감사를 하지 않을 수 없었다. 불면은 정신으로 일깨워 보라고 해도 알아차리지 못하니 몸으로 열을 올리고 내리고 잠을 못 들게도 해 보는 것이리라.

전천후라는 별명이 있을 만큼 부지런히 일했고 모임도 거절 없이 많이 만들어 만나고 사람들과 수다도 떨고 했었다. 언제부터인가 내 스스로 그런 모임들을 다 소화해 내지 못할 것 같은 몸의 피로가 찾아왔다. 쉼이 무슨 죄인의 선고인양 움직이는데 나의 온 정력을 다 쏟아 붓지 않았던가. 내 몸을 학대한 것은 나였다. 그럼에도 불구하고 해놓은 것을 보면 너저분한 솜씨자랑에 불과한 것들뿐이다. 특별한 봉사 경력도 없다. 소문난 인생을 예찬하는 것은 아니다. 보통의 삶을 살았던 나이지만 나머지 날들에 대한 기대치가 있기에 소중한 시간들이 무척 기대되곤 한다. 잠 못 드는 밤을 괴로워하기보다 나를 들여다보는 거울 같은 시간이 고마운 것이다.

그러나 잠을 잘 자기 위해 커피를 줄였고 여타의 차도 되도록 줄였다. 미지근한 물 한 잔이 제일 부담이 없다. 불면이 나를 성숙한 시간으로 이끈다 해도 일부러 잠들지 않겠다는 억지는 부리고 싶지 않다. 어쩔 수 없는 그런 밤이 되면 나를 지켜주는 마음의 등대가 되어 위로 받는 밤을 만들어 가는 것이리. 남은 여정을 살뜰히 살아내 보려는 작은 안간힘일 수 있다. 마음을 매만지고 다듬는 것을 좋아하게 된 것도 이런 밤이었다. 불면의 큰 기쁨은 자주 마음을 닦아내는 것이기에 자주 온다고 한들 물리치려고 괜한 짜증은 내지 않을 것이다. 또한 반가운 손님과 물 한잔 나누며 정담을 푸는 시간으로 생각하고 그리운 벗을 내 마음으로 불러들이는 회상의 시간으로도 만들어가고 싶다.

옛길

초등학교 시절, 하굣길에 비포장 자갈길이 싫은 날이면 강둑길로 택해 오곤 했다. 지름길보다 두 배 이상은 먼 길이라서 친구들이 싫다 해도 나 혼자 걸었던 그 길을 오늘 걷고 있다.

가을은 마지막 몸부림처럼 푸르른 잎에 붉은 낙서를 해댔다. 그것마저 속풀이를 덜한 것인지 바람을 따라 어디론지 떨어지고 뒹구는 마른 잎이 되게 하였다. 물기 없는 잎들이 내 부석한 얼굴과도 같아 입술까지 메마르다. 수양버들만이 예전과 그대로인 채 나를 반기고 있으나 너무 많이 자라 내리 뻗은 가지가 힘겨움을 하소연한다.

옛길에는 강 건너 포플러 숲도 장관이었고, 길 옆 과수원도 그림 같았다. 국광 사과가 탱자나무 울타리 위로 붉은 별처럼 반짝였다. 이른 가을에는 홍옥이 먼저 붉은 별이 되곤 하였다. 과수원 사이로 흐르는 샛강에는 징검다리가 놓여 있었다. 그 샛강은 엄청나게 거머리가 많아 징검다리 위에 새까맣게 기어 다닐 때도 있었다. 그럴 때면 여자아이들은 질겁하며 소리 질렀고, 그 징검다리 건너기를 주저하거나 손으로 얼굴을 가리고 손가락 사이로 징검다리를 살짝 보면서 뛰어 건넜다. 그러다가 실수로 샛강에 빠지기도 하는 날은 울음바다가 되었다. 하얀 고무신발 안에 거머리가 그 사이에 들어와 흙길에 신발을 던져가며 거머리와의 신경전을 벌였던 곳이다. 그 때의 소녀들 뒷모습이 아련히 떠오른다.

한편 그 맑디맑았던 강엔 다슬기와 재첩, 그리고 칼조개들이 정말 많았다. 겨울을 빼고는 우리들의 간식을 직접 채취하여 삶아 먹었을 만큼 넘치도록 풍족했다. 잡아도, 먹어도 끝이 없었다. 물고기는 또 얼마나 많았던가. 비오는 날 물고기들이 강 위로 폴짝 뛰어 오르는 모습을 보면 물고기가 몰려오는 곳을 알아서 더 많이 잡아 집으로 왔다. 물고기는 직접 배를 따고 비늘을 긁어 놓는다. 양은 냄비 바닥에 양파와 풋고추를 깔고 물고기를 얹은 다음 간장에 고춧가루와 다진 마늘을 진하게 넣은 것을 그 위에다 올려 약간의 물을 넣고 조린다. 약간 탈 듯이 조려 먹으면 정말 맛있었다. 이런 옛일들을 생각하며 걷다보니 한참을 걸었다.

내 눈을 번쩍이게 하는 것이 하나 보였다. 길 아래 쓰러질 듯한 저 옛집은 나무 인형을 만들었던 곳인데 그 자리에 그대로 있었고, 부근에 목관악기를 만드는 공장들이 몇 개 더 보인다. 친구의 아버지는 몸이 불편한 사람이었던 기억이 나고 친구에게 나무 인형 하나를 달라고 떼썼던 어린 내가 그려진다. 이 길은 봄날에 회오리바람이 자주 불었던 곳이다. 그 덕택에 힘 안들이고 공중을 날아도 보였다. 수만 가지 생각들을 이 길 위에서 펼쳐내느라 혼자 걷기를 즐겼다. 그래서 집에 오는 시간이 많이 걸려 자주 늦은 이유가 되곤 했다.

어느 초여름 날에는 검은 승용차가 나를 태워갈 뻔한 위험도 있었다. 초등학교 삼학년이나 아니면 사학년이었던가. 학교를 파하고 교문을 나서는데 아저씨 두 사람이 눈을 번득이며 내게 와서는 좋은 곳으로 가자며 차에 태우려 하였다. "아저씨 잠깐만요. 친구랑 같이 갈게요."라고 했는지 "친구가 와요."라고 했는지는 생각이 나지 않지만 순간적으로 나쁜 아저씨임을 알아 차렸다. 차에 타는 척하다가 벗겨지는 코꽃고무신을 바로 신는 시늉을 하면서 곧장 일어나 쏜살같이 내달렸다.

골목길을 지나고 큰길로 들어섰고 곧바로 샛강을 건넜다. 달리면서 뒤를 보니 아저씨 한 명은 나를 따라오고 검은 차도 달려오고 있었다. 지리적으로 이 쪽 길을 더 잘 아는 난, 차가 들어올 수 없는 샛길로 들어섰다. 과수원을 지나 샛강을 건너는데 땀이 채인 고무신이 반쯤 벗겨져 넘어질 뻔하여 나중에는 맨발로 달렸다.

지금 서 있는 이 길로 있는 힘을 다해 달렸던 것이다. 다행히 위기를 모면할 수 있었던 곳은 강이었다. 한창 모래채취가 돈벌이가 되던 때였다. 강에 큰 기계를 설치하여 모래를 퍼 담고 있었다. 뒤따라오는 아저씨를 누구도 말리는 사람이 없었다. 숨을 곳도 변변찮은 강 들판에서 순간적으로 생각한 곳이 강이었다. 강 물 속에 놀고 있으면 어디에 내가 있는지를 엄마는 찾을 수가 없었다. 손을 이마에 대고 수없이 나를 불렀다. 내가 오빠를 찾을 때도 물속의 사람은 찾기가 어렵더라는 것을 생각해냈다. 들고 온 책가방을 보리밭에 던지고 강물 속에 풍덩 몸을 감추었다. 그리고 모래를 퍼담아내는 기계 뒤에도 잠깐 숨어 있었다. 아저씨들은 보리밭만 열심히 찾아다니다 가버렸다. 나는 강물 속에서 아저씨의 모든 행동을 다 볼 수 있었다. 아저씨 둘은 강둑길을 걸으며 무슨 이야기를 하는지 뒤로, 옆으로, 돌아봐가며 유유히 사라졌다. 그렇지만 놀란 가슴은 진정이 되는 데 꽤 오래 걸렸다.

거의 해가 질 무렵에 집으로 왔는데 엄마는 포플린 연두색 민소매 원피스를 사다 놓고 기다리고 계셨다. 집이 왜그리 정답게 느껴지는지 눈물이 저절로 뚝 떨어져 내렸다. 제발 학교 갔다가 일찍 다녀오고 강둑길로 다니지 말라고 당부하셨다.

오늘의 하굣길 이야기를 몇 년 째 아픈 몸으로 집에만 누워 계시는 아버지와 저녁상을 같이 하면서 말씀드렸다. "큰일 날 일일세." 아버지는 당분간 조심해야겠다고 하셨고 친구들에게도 말하지 말라고 하셨다. 다음 날 온종일 긴장이 되어 말수가 적었다. 학교를 마치고 친구들과 집으로 돌아오는데 아버지의 모습이 보였다. "아버지!" 하고 달려갔다. 아버지는 지팡이를 짚고 이마에는 흰 수건을 두른 채 아픈 기색이 역력한 그대로 딸의 마중을 나오신 것이다.

"먼저 앞서 가거라." 힘없는 목소리였지만 반가운 마음에 가슴 저 안에서 뜨거운 무엇이 쏟아져 나오는 듯했다.

그날 검은 승용차를 타지 않으려 땀이 찬 고무신을 신고 달렸던 생각을 하니 지금 내 운동화 안의 발가락이 거머리처럼 미끌거리며 꼬물꼬물 하는 것만 같다. 옛 길에서 느꼈던 사계절의 그림은 두고두고 내 기억 속에 아름다운 영상으로 비춰지리라. 이 길에서 쑥과 냉이를 캤으며 들꽃의 향기도 맡을 수 있었고, 코스모스 핀 둑에서 벌들과 장난을 쳤고, 코스모스 꽃 색깔이 몇 가지인지를 날마다 세어보았던 곳이다. 얼음지치다 물에 젖은 나일론 쫄바지를 불을 지펴 말리다 태웠다. 친구들과 이야기하느라 다리 한 쪽의 반을 태워 먹었는데 그 바지를 다락에 숨겨 두었다가 발견되어 식구들에게 창피를 당했던 기억이 생각나 웃음 짓는다.

다시금 찾은 옛길을 걸어보면서 가슴 뭉클한 것이 밀려 왔다.

그것은 사랑이었다. 흘러가는 시간을 사랑해야 하고, 지금의 나를 사랑해야 하고, 내가 알고 있는 사람들을 사랑해야 한다는 것을. 사랑할 때는 누구나 행복하기에 그 마음 그대로 언제나 기쁘게 살아야 하는 것이라고, 두 손을 꽉 끼우며 호흡을 가다듬었다.

  가을은 더 깊숙이 내 가슴 속으로 들어와 낙엽 위에 사랑이란 글을 새기게 한다. 이듬해 봄이면 이 옛길에서 연록빛 잎사귀에 사랑이란 글을 또 새기게 되리라.

프로쿠루스테스의 침대

어느 날 책 정리를 하는데 그리스 로마 신화 책 한 권이 마음을 끌었다. 초등학교 삼학년에서 중학생까지 읽으면 좋을 간략한 이야기로 엮어졌지만, 그날 내용 중에 요즘 내게 많이 반문되어지는 『프로쿠루스테스의 침대』란 이야기가 있었다. 프로쿠루스테스는 도둑이었으며, 그는 그의 집을 지나는 나그네들을 모조리 잡아와 자기 침대에 쉬게 하고, 그 침대 길이를 기준하여 그보다 길면 잘라 죽이고, 그보다 짧으면 늘여서 죽였다는 신화의 내용이었다. 즉, 프로쿠루스테스의 침대는 자기 생각에 맞추어 남의 생각을 뜯어 고치려는 버르장머리, 남을 헤치면서까지 자기주장을 굽히지 않는 횡포를 말한다고 한다.

세상을 살다보면 여러 사람들과 부대끼며 살게 된다. 인간이 고독한 존재이긴 하지만 어울림이 있어 결코 외롭지 않았고, 행복한 시간들이 더 많았던 것만은 사실이었다. 그러나 산다는 것이 무지 쉽거나 너무 어려운 것만은 아니라는 것도 잘 알고 있는 터이다. 지금껏 살아오면서 삶의 역경은 커다란 고개를 몇 개나 넘고 넘었으며, 또 작고 작은 고개고개 몇몇 굽이를 넘고 넘어 여기까지 이르게 된 것인데, 생각해 보면 이 만큼의 자신이 너무도 소중하며, 스스로 대견스러워 할 때가 종종 있어 왔다. 지금 살아 있으므로 해서 더욱 존귀한 자신에게 나는 뜨거운 갈채를 보내고 있으니 말이다.

 꽃들은 전체로 다 아름답지만 꽃과 같은 색의 열매를 맺어주진 않았다. 오이꽃은 노랗고 앙증맞은데 그 열매는 초록이고 모양은 길쭉하며 겉은 까칠한 침이 줄줄이 박혀 있다. 매화도 연하디 연한 분홍꽃이나 그 열매는 초록이다. 유달리 가지꽃은 연한 자색인데 열매는 더 진한 자색으로 길쭉한 열매를 맺어주기도 한다. 누가 그 작은 꽃망울에서 그토록 길쭉한 오이, 가지가 나오리라 생각하였겠으며, 그토록 고운 색 꽃들이 열매 맺을 때 본연의 녹색 열매로 맺어지리라고 누가 예견하였겠는가.

 어쩌면 우리의 인생 빛도 그와 같아 화려한 빛으로 삶을 산 사람이라 하더라도 그의 인생 열매가 화려한 결실로 맺으리라 말할 수 없겠고, 순수하고 투박한 삶을 산 사람이라도 그의 인생 열매는 보석처럼 화려하게 빛날 수도 있기 때문이다. 생의 마지막 날, 우리가 하느님 나라에 들어 갈 때에는 누구라도 제 삶의 열매를 정성껏 드리게 될 것이다. 우리의 눈과 마음으로 보아왔던 고운 벗들이 그대로 진정 고운 열매로 맺기를 바라마지 않을 뿐이지만 그것의 답을 나는 아직 알지 못한다.

한 동안 내가 만든 규칙의 올가미 안에서 많은 사람들을 단죄하였던 잘못을 생각하며 깊은 반성을 해 본다. 내 생각의 침대 길이로 남을 자르고 늘렸던 그 며칠간의 나는 딴 세상의 한 사람이 되어 고독한 시간 여행을 하였다. 결국에는 내 생각의 침대 길이를 남을 위해 조절할 수 있는 자신이 되어야 하는 것임을 알게 되었고, 그로 인한 마음의 다짐은 다시는 남의 탓으로 돌리는 잘못은 하지 말아야겠다는 결론에 이르게 되었다. 적어도 프로쿠루스테스처럼 자신의 침대 길이로 남을 해석하고 판단하여 사람의 마음을 아프게 하는 자신이 되어서는 안 되겠다고.

장맛비가 그칠 줄 모르는 날, 난 맑게 갠 파란 하늘을 마음속에 그려 넣었다. 이 빗줄기는 계속 끝없이, 영영 내리지는 않을 것이라는 것을 이미 경험으로 알고 있고, 오랜 장마로 궂은 마음은 햇살에 쉽게 녹아 버린다는 것도 알고 있다. 내 나이가 주는 아름다운 변화는 세상을 바라보기 할 때, 많은 일들을 능히 그럴 수도 있겠다는 관용으로 받아들인다는 것일 게다. 예전과 사뭇 다른 나 자신을 남들이 늙음이란 미학으로 처리한다고 해도 억울할 일이 없겠다는 자신감이 나를 더욱 살아 있는 사람으로 내 마음을 다스림 하는 것은 다행한 일이리라.

거울도 안 보는 사람이 있다면 불행한 사람이리라. 자신을 들여다보는 마음의 거울을 지니고 다닐 줄 알아야 한다. 언제 어디에서라도 더러운 티가 붙어 있으면 떼는 것을 자주 해야 좋을 듯한 생각이 든다. 뱀딸기의 노란 꽃을 볼 때와 잘 익은 빨간 뱀딸기를 볼 때의 느낌이 다른 것에 놀라는 강도가 높은 사람일수록, 뱀딸기의 전체를 보는 눈과 마음이 익숙하지 않은 때문만은 아닐진대 찰나의 미혹함은 내 마음에 어두운 그림자 하나를 남겨 놓았다.

어차피 인생은 미완의 연속인 것을. 다시금 내 인생의 활기를 불어 넣기 위한 새로운 각본을 아름답게 써내려가고 있는 중이다. 진정 아름다운 자신이 되기 위하여 내 마음속에 숨겨 둔 프로쿠루스테스의 침대를 미련 없이 버리는 주인이 될 것이다. 냉정을 찾는 긴 시간의 여행이 나의 서투른 삶을 여지없이 보여주긴 했어도 마음은 개운하다. 이럴 때 나는 좌우명처럼 늘 내 가슴 속으로 다가오는 성서 구절을 떠올린다.

"누구든지 자신을 높이는 사람은 낮아지고, 자신을 낮추는 사람은 높아질 것이다." 루가복음 제14장 11절의 말씀을 묵상하며 오랜 침묵의 터널을 빠져 나오고 있었다.

간절함이 깃든 곳

간절곶 | 소철 | 정자바닷가에서 | 수련의 고고함 | 태화강 대숲을 거닐다 |
집나간 새댁 | 야생화의 반란 | 오월의 향기 | 낙화 | 호박꽃

간절곶

　동해의 전설들을 다 풀어 헤칠 듯한 파도는 그칠 기미가 없었다. 우리나라에서 제일 먼저 해가 뜨는 곳으로 간절곶이 선정된 후, 많은 사람들이 한 해를 맞이할 때마다 그 곳을 찾게 되었다. 어느 새 명소가 되어 버린 간절곶, 그 이름만으로도 내 마음은 파도를 탄다. 그 옛날 누군가가 간절함을 가슴 속 한켠에 고이고이 간직하고 있다가 이곳에서 그 깊은 사연들을 다 쏟아내었기에 해가 가장 먼저 뜨게 된 건가.
　울산에서 부산 쪽으로 종종 동해남부 해안선을 타고 승용차나 버스로 가노라면 참으로 아름다운 바다 정경들이 눈길을 잡는다. 심장 약한 사람들은 하마터면 호흡 곤란으로 쓰러질지도 모르리란 생각을 하며 스스로 감동을 받기도 했던 그러한 어느 한 자리에 간절곶은 야무지게 편편히 앉아 있었다. 바닷바람이 사철 내내 좀 세차긴 하지만 찾는 이들에게 가슴 속의 묵은 때를 한 번도 씻어주지 않은 적이 없었다. 그만큼 해맞이 날이 아니어도 찾아옴직한 그런 바닷가였다.

어느 때부터인가 우리에게 해맞이는 큰 행사로 자리매김하고 있었다. 나의 유년을 떠올려보면 달맞이를 더 큰 행사로 쳤던 기억이 새록새록 피어난다. 대보름날과 추석에 보름달 보는 재미가 지금의 해맞이보다 더한 축제였던 것으로 생각된다. 분명 그랬다. 아직도 대보름날 행사를 재현하는 고장이 많고, 집집마다 오곡밥과 갖은 나물을 볶고 무치고, 부름을 깨기 위해 땅콩과 호두를 깨어 먹고, 쥐불놀이, 윷놀이, 널뛰기를 하고, 막걸리를 주고받는 풍습들이 남아 있는 걸 봐서라도 그랬다. 생각하건대 해맞이는 현대판 축제 같고, 달맞이는 과거의 추억거리 행사로 전환된 듯하다.

그 옛날에는 모르긴 해도 해를 더 많이 섬겼을 시대가 있었을 것이라고 본다. 시대의 흐름에 따라 해와 달의 볼거리 행사는 그 시대의 정신적 잣대로 자리잡았던 것은 아니었을까. 짐작해 본다면 해를 중심으로 믿는 사유가 많이 발달되면 해를 중심으로 여러 신화들이 많이 나타나고, 해의 신비로움에 기대고자 하는 해맞이 행사들이 이어져 왔을 것이라는 추측을 하게 된다. 반대로 달을 중심으로 믿는 사유가 발달되면 달을 중심으로 신화가 나타나고 달과 관련된 행사가 늘고 달의 신비를 체험하려는 사람들이 붐비게 될 것이다.

그렇다면 나의 간절함을 어디에 말할 것인가. 종교적 신앙은 차치하고서라도 스스로에게 물어보았다. 어릴 때부터 부모님이 달에게 두 손 모아 소원을 말하는 모습을 보아온 터이지만, 어른이 되어 내 의지대로 해를 보고 내 소원을 말한다고 해서 이중적인 인격자가 된다 한들 어쩌랴. 모든 것 그대로 받아들이겠다. 나는 해를 보고 이야기하고, 달을 보며 말을 전해 듣고, 세상의 이치를 깨달으며 사랑을 아는 사람이 되고 싶다.

소원이란 말한다고 다 이루어지는 것은 아니었다. 이 소원이란 것이 시시각각으로 변해져왔던 것으로 봐서 소원이 이루어지려고 하면 먼저 내 마음이 딴 곳으로 향하여 가 버렸기 때문에 소원은 내게 닿지 못하고 나는 소원이 이루어지지 않았다고 먼 곳에서 서러워 할 뿐이었다.

내 경험으로 본다면, 어린날 소원했던 많은 것들이 현재 내가 원하고 있는 것과 견주어 보면 소원보다 마음이 먼저 변했던 것을 발견하였다. 진정한 소원의 의미를 찾아 내 간절함의 극한 상황까지도 견뎌 이기고 나아가려는 의지가 내 심지에 가득할 때 소원은 이루어지리라 생각한다.

내 가슴에는 아직도 못다 한 간절함이 숨 쉬고 있다. 나의 간절함을 간절곶 그 곳에 묻어두고 돌아오고 싶다. 나의 간절함이 파도를 타고 푸른 동해바다를 누비다 달빛을 받아 안고, 해무리 붉게 퍼지는 그 찬란한 날들의 반복 속에 무르익어 내가 다시 간절곶을 찾는 그 어느 날, 간절함이 내게로 되돌아 와 새 날의 해처럼 붉게 물든 이야기를 전하게 되리라.

간절곶은 누구에게라도 기대와 희망으로 찾게 되는 기쁨의 자리가 될 것이다. 사람들의 가슴 속에 간절함이 그토록 간절히 깃들어 있었기에 간절곶을 이름하여 찾아가게 되고, 조용히 자신을 되돌아보며 삶의 곡선을 그리다 그 혜안을 찾아가는 시간이 되기도 할 것이다.

스산한 가을 바다 풍경을 맘에 담아오고 싶은 날에 문득 간절곶이 떠올랐다. 거친 파도도 부드럽게 맞이할 수 있을 것만 같았다. 마음을 풀어 헤치는 데에는 파도도 한 몫 거들어 줄 것이다. 그리고 보니 해와 달, 파도와 같은 자연에 자꾸 힘을 빌리려 하는 자신을 발견한다. 자연이 주는 힘에 도취된 듯 살고 있는 난 지구가 돌듯 나도 돌고 있는 것은 아닌지 모르겠다. 누군가 내게 말하기를 사람은 나이가 들면 들수록 자연과 친해지는 법이라고 그것은 머지않아 우리는 자연으로 돌아가기 때문이란다.

해맞이 명소로 유명한 간절곶은 해맞이를 통해 사람들의 가슴 밑바닥에 깔려 있는 앙금들을 여과해 주는 정신적 거름망 같기도 하다. 모든 사람들은 해 돋는 동녘을 보고 우울해 하지 않을 것이고 솟아오르는 해를 보고 절망해 하지 않을 것이기 때문이다. 간절함은 우리에게 소원이며 희망이기에 간절곶을 찾는 발길은 멎지 않을 것 같다.

그리고 달 밝은 간절곶에서 밤바다의 파도 소리를 들으며 간절함을 전하는 낭만도 적잖이 괜찮은 달맞이 풍경이 되리라 본다. 어느 때를 정하든지 그것은 자신의 일상과 해결할 일이지 떼 지어 몰려 같은 날, 같은 시각에 간절함을 말한다고 해서 더 좋은 예가 되는 것은 아닐 듯싶다.

간절곶으로 내 마음이 향하여지는 것은 그 이름만으로도 충분한 명소가 되기 때문이다.

소철

 한 여름 더위는 식을 줄 모른다. 베란다 한 쪽에 놓인 시원스런 소철은 삼십오 년이란 세월을 우리 집과 함께 했었다. 베란다로 들어오는 따가운 볕을 조금이라도 가려 주려는 듯 놓여 있는 소철을 울산 성남시장에서 육백 원을 주고 사 왔었다.
 신혼 때의 일이다. 장마가 끝나고 이때처럼 더웠던 날, 장보러 간 새댁이 물 머금은 화초에 눈길이 갔는데 화초에 대한 지식도 없이 그냥 보기 좋고 잘 클 것 같아 골라온 것이 소철이었다. 이렇게 오랜 인연으로 나와 같이 지낼 줄은 정말 몰랐다. 식물을 좋아만 했지 가게에 파는 꽃과 나무들 이름을 잘 몰랐던 때에 소철을 만났다. 이것이 잘 크면 우리 집이 잘 되고 죽으면 그만이고 주문처럼 중얼거렸다. 꽃집 주인이 검은 비닐에 담아준 소철 화분을 들고 집으로 왔다.

　지극한 정성을 들인 것도 아니다. 추운 겨울은 아파트 화장실에 두었다. 물도 생각나면 주었다. 아이들 키우는 데 더 신경을 곤두세웠다. 내팽개치지 않았을 뿐이지 관심도 주지 않았는데 잘 자랐고 봄에는 새 잎을 보이고 튼튼한 소철이 되어 갔다. 삼십 년이 되니 새끼도 낳아 분가도 시켰다. 가끔씩은 이것이 참 오래 나와 있는구나 하고 고마워하였다. 소철이 나를 도운 것은 아닐진대 결혼 삼십오 년 동안 그다지 큰 우환도 없었고 좋은 일도 더러는 있었다. 성당을 다니니 모든 것은 하느님이 지어 주신 삶을 산다고 생각하고 모든 것을 받아들였다.

　생각해보면 어찌 내 삶이라고 어렵지 않았을까만 견디어내고 기다리고 그 순간을 나름대로 즐겼다. 좋으면 좋은 대로, 안 좋으면 안 좋은 대로 살았다. 한 번도 내가 불행해질 것이라고 생각해 본 일도 없다. 건방진 생각인지 모르지만 난 행복할 것이라고 늘 믿어왔다. 바보가 아닌가 싶을 때도 있었다.

　그런 내 마음을 소철도 아는지 우리 집 어떤 곳에 두어도 푸르게 잘 살아 주었다. 굳센 배짱이 나와 닮았나보다. 뭇사람들이 나를 보고 얼굴이 까맣고 몸매도 짱이 아니니 못났다고 잘난 저희들 무리에 끼워주기를 거부할 때도 더러 있었다. 한 마디로 부유한 티가 나지 않다고 낮추어 보았다. 그럴 때마다 섭섭하기는커녕 사람 잘 보네. 난 그런 사람이거던 하며 더 낮추기를 힘들어 하지 않았다.

그렇다고 내가 꿈까지 잃어버린 삶을 살지는 않았다. 나를 위한, 나를 사랑하는 일들을 화초를 돌보듯 조금씩 하고는 있다. 먼 훗날 그것들이 나를 빛나게 해줄지 더욱 나를 초라하게 할지 나도 모른다. 언제 어느 때 내가 어떤 이로 하여금 그의 한 작은 부분에 도움 되거나 필요한 사람으로 다가갈지, 내가 그의 큰 등에 기대어 설지는 아는 바 없어도 나는 지금 이 자리보다 더 자라나기를 원하며 묵묵히 살아가고 있는 것이다.

그렇다. 소철도 주인이 사랑을 주든 안 주든 그의 생명이 다할 때까지 꿋꿋하게 살아가고 있었음을 오늘에야 알게 되었다. 함께한다는 것은 모든 것을 공유하기를 바란다는 의미로 다가왔다. 이제야 소철에게 나의 동반자임을 고백하고 진녹색 길쭉한 잎사귀의 먼지를 닦아내 주었다.

정자 바닷가에서

 동해의 정취를 마음껏 누릴 수 있는 곳 중 하나가 정자 바닷가이다. 해변은 모래가 아닌 자갈돌이다. 장마가 아직 덜 지나간 하늘은 구름이 이리저리 몰려다닌다. 화창한 오후라면 해무리가 오색 빛으로 바다를 수놓고, 수평선이 더 멀리 있어 보일 텐데 검은 구름이 맞닿은 수평선은 가깝게만 느껴진다. 그렇다면 수평선 너머의 세계는 그리 멀지 않은 곳에 있단 말인가.
 바다가 숨 쉬고 있음을 파도를 보고 안다. 내가 살아 있다는 것은 내 마음의 소리를 들어보는 것이리라. 파도는 수만 개의 혀로 해변의 구석구석을 핥아내는 거대한 한 마리의 고기로 보였다. 언제나 숨찬 목소리로 철썩였다. 나와 마주하는 순간 파도의 혀들이 내 가슴 안에 깔려 있는 그 무언가를 끌어내리고 있다. 한 번으로는 되지 않는지 자꾸만 다가와 쓸어내린다. 파도가 나를 덮치면 내 생의 고백을 다 쏟아낼 것 같다. 그리고 파도의 거품처럼 나도 거품이 되리라.

오랜 장마로 여름 바다는 가을 바다 시늉을 하는 중이다. 여름을 뜨겁게 보내지 못한 사람일수록 여름의 여운이 남는 법이다. 아직 가을은 먼 곳에 있어야 하고 해야 할 일도 많다며 떼를 쓸지도 모른다. 바다는 사람들이 하는 그 수고를 다 헤아려 줄 수 있을 만큼 한가하지 않다. 늦더위가 기승을 부려도 팔월 중순이면 바다의 수온은 급격하게 차가워진다. 대신 거친 파도의 숨소리를 들을 수 있다.

정자 바닷가에서는 자갈돌에 앉아 도란도란 이야기를 나누는 재미가 있다. 밤이 깊어가도 파도소리를 들으며 낭만을 즐길 수 있어 연인들이 많이 앉아 있다. 이따금 가족들이나 친구들끼리 박장대소하며 또 다른 분위기를 자아내기도 한다.

바닷가에 서 있으면 암 선고를 받은 사람처럼 내 모든 것을 다 내려놓는다. 자신을 있는 대로 다 내려놓으면 보이지 않던 그 무엇도 보여지기 때문이다. 바다는 나를 당겨내는 힘이 있다. 나의 욕심을 파도가 쓸어갔다. 오만가지 잡념들도 사라지고 고요로운 마음으로 바다를 보니 수평선이 내 옆에 있는 것 같다.

이제 무엇보다도 신체적으로 많은 변화가 생기기 시작했다.

머리카락도 염색에 의지해야 하고, 때로는 불면증으로 밤을 꼬박 새기도 하는 갱년기 조짐이 서서히 보여진다. 나라고 남과 다르지 않다는 것도 알게 된다. 내 몸을 마구잡이로 가혹하리만치 내돌렸었는데 이제는 자주 피곤해진다. 음식 먹는 양도 줄었다. 하루의 계획을 좀 느슨하게 잡는다. 그렇다고 금방 노인이 되어 방안에 갇혀 사는 것은 아니니만큼 전과 다름을 이해하며 사는 것이다.

무한대의 인생을 살겠노라고 펼쳐 보았던 수많은 날들이 물고기의 비늘처럼 떨어져 내린다. 내가 내 비늘을 긁어낸다. 인생은 무한대가 아니었다. 달리기만 하면 목적지에 다 닿는 것도 아니었다. 무한대의 꿈도 이제는 줄여야지. 너무 벅찬 것은 무리가 오는 나이이다. 너무 복잡 미묘한 것도 매력적이지 못하다. 단순하고 보기 좋은 편한 것이 우선이다. 한 때는 팔십이 되어도 하이힐을 신고 성당 다닐 거라고 자신만만했는데 왠지 자신이 없어진다.

바닷가에서 이런 신세타령이나 하는 게 나를 비우는가 싶어 나를 바다에 던져본다. 예전의 내 몸 상태가 아님을 조금씩 안다는 것도 중요한 일이다. 바깥 활동도 좀 줄이고 내면을 채우는 일들을 하기로 작정한 지 좀 되었다. 그렇다고 죽는 날 받아 놓은 사람처럼 물건을 정리하는 것은 아니다. 좀 더 신중한 삶의 전환도 필요한 것 같아 칩거까지는 아니더라도 조용히 지내면서 내실을 채우는 사람이 되고 싶은 것이다.

  몇 년 뒤 내가 확 달라진 모습으로 사람들 앞에 나타나지는 않을 것 같다. 그저 보통의 사람으로 살되 조금은 내 자신을 살찌우는 그런 시간을 가진다는 데 의미가 있기 때문이다. 정자 바닷가에서 파도가 내 가슴을 다 핥아버려서인지 속이 텅 비어 있는 자신을 느낀다. 집으로 돌아가면 이 빈 속을 채우려 안간힘을 쓸지도 모르지만 바다는 참 의미심장한 사람을 만들려 한다.

수련의 고고함

오래 전 어느 관광지에 갔을 때, 작은 연못에 수련이 가득 놀고 있었다. 금붕어 떼만이 잔잔한 파문을 일으키고 있었는데 평평하게 드러누운 수련 잎은 오므릴 기색도 없다. 그 잎과 잎 사이에는 요염하리만치 아름다운 꽃봉오리가 얼굴을 내밀었다. 햇살에 반한 것이다. 그것을 본 날 수련을 한 번 키워 보기로 마음먹었다.

다음 해인가 불로 화원에서 수련을 사다 옹기 수반에 담고 아파트 베란다에 두었지만 십오층이라서 그런지 꽃을 피우지 못했다. 자존심에 누구에게도 이 사실을 알리지 못하고 몇 년째 잎만 보는 수련으로 키우고 있다. 영양이 모자라거나 사랑이 부족해서 그럴 수 있겠다 싶어 노력했지만 수련은 아직도 반응이 없다.

그러다 작년에 직장 마당에 수련 세 포기를 사 볕 좋은 곳에 두었다. 뿌리에 붙은 진흙째 사들고 와 키웠다. 수련은 쨍쨍한 여름 햇살이 좋았는지 화려한 외출을 시작했다. 꽃봉오리가 부채춤을 추듯 활짝 펼치더니 오후 햇살이 약해지자 부채를 접듯 얼굴을 감추었다. 몇 날 동안 아침에 피고 저녁에 오므리는 수련을 보며 무척 행복해 하였다.

그런데 그것도 잠시 어느 날부터 꽃이 목 잘려 물 위에 떠 있는 것이 아닌가. 줄기가 짓물러 고개를 들지 못하는 수련은 수반 밖으로 뒹굴기도 했다. 수반에 물을 많이 주어 줄기가 물러졌나 싶어 물을 따라 부었다. 진흙이 보일랑 말랑 물 수위를 조절하였지만 꽃은 닷새에서 칠 일 사이면 목 잘린 미녀처럼 처참하게 나뒹굴고 말았다. 얼마나 잔인한 죽음인지 이유도 모르고 마음만 쓰라렸다. 곧바로 옆줄기가 나오고 꽃은 다시 피고 지기를 반복하였다. 수련은 나를 현란하게 만들었다. 그토록 예쁜 꽃이 단명하는 데 놀랐고, 또 제 스스로 꽃대를 자르고 떨어지는 그 절개가 가슴을 서늘하게 해준 것이다.

대개의 꽃은 꽃봉오리를 맺은 뒤 질 때까지 여유가 있는데 수련은 무엇이 그리 급하여 시들지도 않고 길어야 일주일만 얼굴을 보여주고 스스로 목숨을 끊는지 야속하였다. 다른 꽃들은 시들 때까지 그 모습 다 보여주고도 부끄러움이 없었다. 꽃잎이 지고 난 그 속에는 열심한 만큼의 열매가 맺혔다. 주위의 큰 연도 그 과정을 다 밟는데 유독 수련만이 자기 관리가 능해서인지 흐트러진 모습 하나 보이지 않고 예쁜 모습 그대로 작별을 고했다. 수련의 그 강인함과 결단력이 다른 새로운 꽃이 탄생하도록 길을 트여 주는 역할을 할지도 모르겠다. 화려한 무대에서 제 역할을 다하고 미련 없이 사라지는 주인공처럼 짧은 여정에도 최선을 다해 살다가 제 꽃대 꺾어 떨어지는 수련이다.

자신 있게 살고 남들이 환호성을 지를 때 안녕하고 떠나는 용기가 어디서 나왔을까. 흔히들 지는 꽃을 보고 늙은 사람과 비유한다. 꽃이나 사람이나 시들면 보기 싫다는 사람들이 많고 서글프다고 한다. 시간의 흐름을 받아들이고 싶지 않다는 것이다. 수련은 최상의 모습일 때 안녕을 노래하는 깔끔한 꽃이기에 그의 추함이 잘 드러나지 않는다. 서글퍼지기 전에 손을 흔든다. 수련이 여자라면 너무도 깔끔한 이 성격을 보고 마음 붙일 남자가 있겠는가. 더 매력적이라고 좋아할 사람들이 많을까.

수련이 거의 다 피고지다가 멈추면 가을이 왔다. 여름의 거센 소낙비에 상처받는 잎은 있어도 펼친 잎을 오므리지는 않는다. 제 소신껏 살다가 가겠다는 수련의 의지가 돋보인다. 진흙 속에서 내년을 꿈꾸며 올해의 열매 그 곳에 담아 두었을 것이다. 들뜨지 않고 야단스럽지도 않게 자신의 몫대로 살다 가는 수련을 보고 내가 괜히 이러쿵저러쿵 야단법석을 떠는 것은 아닌지. 수련처럼 화끈

하고 완숙하지 못한 내 자신의 모자람이 누구에게라도 비춰질까 부끄럽다.

  오랜 시간이 지나고 나서야 난 알게 되었다. 누구에게도 얼굴 붉힐 일 없고 당당한 얼굴 펴 보이며 사는 수련 같은 여자가 될 수는 없다는 것을. 지금껏 살아온 날들을 되돌아보니 진흙처럼 진득한 일들이 많았음에 얼굴 달아올라 고개를 들 수 없는 나였다.

태화강 대숲을 거닐다

　태화강 대숲을 오랜만에 친구들과 거닐게 되었다. 이곳을 떠나 고향으로 간 지도 벌써 육 년이 훌쩍 넘어버렸다. 이 태화강 대숲이 내게 주었던 고마운 마음을 잊지 않고 있는데도.
　천구백칠십구년 십이월 이십육일은 결혼하여 울산으로 신접살림을 싣고 오던 날이다. 정확히 결혼하여 십칠일 째 되는 날 정착지인 울산으로 향했고 도착지에 발을 내디뎠을 때 눈이 내리기 시작하였다. 낯설기만 한 고장이라 긴장한 나를 달래기라도 하듯 내리는 작은 눈덩어리는 내 뺨에서 사르르 녹는 정도의 눈이었다. 괜히 잘 살 것 같은 예감이 들었고, 스스로 잘 살아 보리란 다짐을 하며 머리를 쓰다듬는 척 귀밑으로 내리는 손은 어느 새 주먹을 불끈 쥐고 있었다.

대구에서 온 새댁이라고 반겨주는 집주인 아주머니를 따라 새로 지은 이층집으로 가파른 계단을 따라 올라갔다. 첫 단칸방이 내 신혼의 집이었다. 그 집은 앞뒤가 출입문이 나 있고 실속 있는 테라스가 있어 좋았다. 앞으로는 태화강의 전경을 담고 뒤로는 저 멀리 무룡산 자락이 보이는 전망 좋은 곳이었다. 울산에서의 첫날은 남편이 결혼 전까지 머물렀던 하숙집 손님들이 찾아와 환영식을 해주고 돌아갔다. 직업이 다 다른 그들이 객지에서 한 집에 묵게 되면서 서로의 아픔과 외로움, 기쁨을 이야기하며 숱한 소주잔이 오고갔음을 분위기로 알아차릴 수 있었다.

낯선 이방인이 된 나로서는 방향감각이 남들보다 뒤떨어져 길을 익히는 데 시간이 좀 걸렸던 것 같다. 첫 시장길을 나섰다가 나의 보금자리를 찾지 못해 한참이나 헤매었던 것을 보더라도 감각이 둔한 편은 분명했다. 결혼은 했어도 조금은 외로웠다. 땅거미가 지면 고향의 늙으신 부모님 생각에 눈물이 흐르고 잠 못 이룬 날이 많았다. 대구 가는 고속버스와 직행버스가 스쳐 지나가면 그 차를 타고 대구로 달려가고픈 충동도 종종 있었다. 넉넉잖은 친정의 형편을 알고서도 결혼을 강행한 것이 못내 미안하고 나 없이 지내고 계실 부모님의 모습이 떠오르면 불안한 마음이 들곤 하였다. 그런 순간마다 나를 위로해 준 것은 태화강가의 대나무 숲이었다. 어린 시절, 금호강가에 포플러 숲이 장관이었을 그 당시의 풍경처럼 대숲은 내게로 다가와 아늑한 품이 되어 나를 안아 주었던 것이다.

첫 아이를 낳아 키웠던 그 이층집에서 수도 없이 기저귀 빨랫감을 씻어 빨랫줄에 널었다. 하얀 기저귀를 탈탈 털어 널어보는 것도 재미있었지만 팔랑이는 빨래 사이로 태화강 물줄기와 대숲이 어우러진 광경을 보노라면 참으로 황홀한 사람이 되지 않을 수 없었다.

그 집에서 언제나 자주 내 시선이 향하는 곳은 대숲이었다. 내게 이런 발견이 없었더라면 울산 생활은 무미건조하였을 터이지만 이것으로 인해 행복하기 시작하였고, 대숲은 언제나 나의 방패막으로 그 어떤 것도 내 가슴을 뚫고 들어가지 못하게 지켜준 철인용사와도 같았다. 시간이 지나면서 점점 고마움으로 다가왔으며, 기쁠 때나 슬플 때나 희망의 나래를 펴 주었고, 묵묵히 나를 지켜주며 씩씩하게 잘 견뎌내는 힘을 준 대숲이었다.

그런 대숲도 한때는 태화강의 수질오염 개선과 개발 방안으로 사라질 위기가 있었다. 대대적인 공사를 하려고 대나무를 거의 다 베어버릴 거라는 뉴스 보도를 듣고 누구보다도 얼굴이 창백해진 것은 아마도 나였으리라. 그 때문에 울산에서 발간되는 신문에다 대숲 보존을 위한 짧은 글을 투고하기도 하였다. 그만큼 내 애착이 깃든 대숲이기에 도저히 방관할 수가 없었던 것이다.

스물이 갓 넘어 울산을 갔고 마흔이 훌쩍 넘어 다시 대구로 돌아오던 날, 친구들이 멋진 저녁상을 마련해 주었다. 이제 정들었던 사람들과 자주 함께하지 못할 것 같은 안타까움에 눈물을 펑펑 쏟아 내고 말았다. 다시는 돌아올 수 없고, 만날 수 없는 사람들인 양 헤어질 때에 가슴이 아리었다. 그것은 그 동안 쌓인 눅눅한 정이 서로에게 깃들어 있었기 때문일 것이다. 사랑한다는 것은 한 순간의 결정으로 단정하기에는 너무도 가혹한 매듭이라고 여겨졌다. 한 순간이 아닌 언제나 함께 했던 시간으로 말미암아, 우러나오는 마음이 내 안에 가득할 때 사랑하고 있다고 말할 수 있으리라. 그리고 짧으나마 떠남을 맞이하였을 때 진정으로 서로에게 어떤 존재로 남아 있을 것인가를 의미하게 되리라. 떠나 있음으로 해서 더욱 가까워질 수 있는 사랑이 있다면 그 사랑은 아름다운 빛으로 점점 모여져 마침내 하나가 되리라.

 울산을 떠나온 지 육 년 만에 다시금 태화강 대숲을 거닐게 되었다. 그동안 숱하게 울산을 넘나들었어도 먼발치에서 대숲을 바라보았을 뿐 가까이 가질 못하였다. 이번엔 친구들과 함께 걷는 행운을 얻었다. 대숲을 사랑하는 많은 울산 시민들이 이곳을 지켜냈기에 대숲은 보존되어 이미 관광지가 되어 있었다. 그 덕분에 어느새 나도 관광객의 한 사람으로 걷고 있는 것이다. 대나무 숲길을 걷노라니 마치 키가 큰 애인과 함께 걸어가는 착각을 불러일으킬 만큼, 대나무의 키는 하늘에 닿을 듯하고, 나는 그 대숲에 안긴 것 같은 포근함을 받기도 하였다. 대낮인데도 어둑하니 대숲은 분위기를 자아내어 주었다. 여럿이었지만 각자 사색의 시간으로 잠깐씩 몰아가곤 하였다. 한참을 걸어 나오니 노랗게 핀 환한 꽃밭이 대숲과 대조를 이루고 있어 이 분위기도 참 괜찮다고 생각되었다. 자칫 침묵 속에 걷다보면 마음이 가라앉을 수도 있을 대숲에서 밝은 꽃들의 얼굴을 대하자 마음이 맑아졌다. 이 고운 꽃들을 보고 반기지 않을 위인은 없을 거라고 느꼈다.

문득 사람이 많이 변하지 자연은 덜 변한다는 뭇사람들의 말이 귓전을 스쳐갔다. 그렇다면 나의 변함은 무엇 때문이었으며 나의 영원은 무엇일지를 생각해 보았다. 대나무는 예전대로 잘 자랄 뿐인데 사람의 눈에 좋도록 다듬어져 가고 있었고, 바람 따라 몸은 일렁이며 결코 휘지 않는 몸으로 서 버티는 모습이 애처롭기도 하면서 한편으로는 부럽기도 하였다. 대나무는 예로부터 곧고 강직한 표상이라 두렵게 느꼈던 적도 많았는데 저리도 불어대는 바람에 몸을 흔드는 유연함도 있음을 이제야 알게 되었다. 누구라도 마음의 흔들림은 있는데 그 자리에 꼿꼿이 머물 수 있는 심지가 있다면 대나무와 닮은꼴일까.

추억을 되새겨보기엔 사진만 한 것이 없다. 그래서 대숲에서 기념사진 몇 장을 찍어보았다. 휴대폰에 찍힌 얼굴들이 세월을 말해 주었다. 그 사진은 지난 시간들이 아무런 의미가 없었던 것이 아님을 확인시켜 주었다. 세월의 흔적을 난 진정 사랑한다. 아쉬움과 후회도 있지만 그 모든 것을 인정하고 대숲과 같이 어우러진 삶을 살고 싶다. 태화강을 감싸 안은 대숲의 포근함이 편안함으로 내게 전해지는 지금, 살다살다 흔들리고 꺾어지는 일이 있더라도 세상에 남아 있는 그 날까지 대숲처럼 꿋꿋하게 심지를 박고 끝끝내 살아가는 유연한 사람이 되고프다.

집 나간 새댁

한적한 산언덕배기에 아파트가 줄지어 들어서면 길목에는 어김없이 상점들이 고개를 들듯 처마를 높인다. 갖은 물품들이 즐비하게 갖추어진 가게들과 말쑥한 음식점들은 오가는 이들의 눈길을 잡아당긴다.

지금으로부터 이십오 년 전 어느 아파트에서 시장가는 길목에 한 떡집이 있었다. 그 떡집 아들이 장가를 갔다. 직장을 다니는 아들은 떡집 일을 도울 시간이 별로 없었지만, 어여쁜 색시는 시어머니의 떡집 일을 시간만 나면 도와주곤 하였다. 대개의 떡은 새벽부터 시작한다. 불려놓은 쌀을 기계에 빻아 보드랍게 갈아내는 일부터 바쁘게 시작된다. 주문량에 맞게도 하지만 하루치 팔 양도 만들어야 하는 떡집은 오전까지 쉴 사이가 없다. 그런 사정을 모르는 새댁이 아닌지라 열심히 떡 만드는 일을 도왔다. 봄꽃놀이나 가을 단풍놀이 철은 주문량만 만들어도 힘겨울 만큼 바빴다. 그러면 으레 떡집은 아르바이트를 구하여 일을 처리하였다. 아침 먹을 시간이 없어 떡으로 대충 때우기도 하고 간혹 이웃집 통닭구이를 배달 시켜 먹기도 하였다. 시골서 시집 온 새댁은 이 통닭구이가 세상에서 제일 맛있었다. 비오는 날이면 멀지 않은 곳에서 닭 튀기는 냄새가 새댁을 유혹하였다. 어린 나이에 시집을 와서인지 먹고 싶은 마음을 억누르기가 쉽지 않았다. 시골에서는 백숙을 자주 해 먹었다. 이처럼 고소하고 입맛 당기는 닭요리를 자주 먹지도 못했다. 특히 이 집의 통닭구이가 새댁뿐만이 아니라 아파트 사람들의 입맛을 끌어 당겼던 것만은 사실이었다.

  그렇게 바쁜 나날이었다. 떡집은 나날이 부자가 되어갔고 떡집의 아들도 직장생활을 잘해 나갔다. 그런데 어느 날 새댁이 집을 나가 버린 게 아닌가. 놀란 가족들이 수소문하여 찾아 데리고 집으로 왔다. 부부 사이에 별 문제도 없었던 것으로 보였는데 이런 엄청난 일을 당하자 신랑은 색시에게 조용히 물어 보았다. 왜 집을 나가야 했는지. 색시는 신랑이 묻는 말에 대답하였다. 내가 싫어서 나갔냐고 하니 아니라고 답했다. 부모님이 힘들게 하였는지도 물었다. 아니라고 하였다. 그러면 무엇 때문인지를 말해 보라고 하였다. 그제야 색시는 울면서 말했다. 세상에서 제일 맛있는 통닭구이를 사주지 않았기 때문이라고 했다. 먹고 싶어 사달라면 그게 뭐 그리 맛있느냐고 핀잔만 주고 색시가 헤퍼 보인다고 놀리기까지 하였다. 그럴 때마다 새댁은 숨이 막혔다. 통닭구이 냄새가 솔솔 콧구멍으로 들어오면 미칠 것만 같았다. 그렇게 먹고 싶은 충동을 억제할 때면 왠지 서글픈 마음에 눈물이 나왔다. 자신의 심정을 헤아려 주지 않는 신랑이 야속하기도 했지만 이것이 시집인가보다 하고 참아냈다.

그런데 아르바이트하러 온 총각이 있었다. 아직 온전한 직장을 구하지 못해 떡집을 아르바이트로 온 것이다. 새댁은 이 총각과 떡일을 하면서 자연스레 말을 주고받으며 친하게 되었다. 떡집 며느리와 일하러 온 총각 사이는 격의가 없어지고 농담도 하는 등 한 가족처럼 친하게 지냈다. 이런 모습을 보고 시부모는 붙임성 있는 며느리를 오히려 칭찬하며 떡일 도우는 것을 좋아하였다. 그런데 두 사람은 자주 통닭구이를 즐겨 먹었다. 같이 일하다 참으로 먹는 통닭구이를 시부모는 기름진 음식이라 때론 거부하였지만 며느리는 늘 맛있게 먹었다.

그녀가 집나간 이유는 여기에 있었던 것이다. 아르바이트 총각은 새댁이 원하면 언제든지 통닭구이를 배달 주문하였다. 맛있게 먹는 그녀가 예쁘기까지 했다. 총각이라고는 하지만 새댁보다 나이가 위였다. 이렇게 맛있는 것을 신랑이 안 사주어 속상하다고 투

딜대기도 하면서 둘이는 더욱 친하게 되었다. 급기야 총각이 아르바이트를 그만두면서 새댁을 데리고 가 버린 것이다. 황당한 일을 당한 신랑이 이 이야기에 그만 졸도하고 말았다.

그 후 떡집 주인은 바뀌었다. 후문에 의하면 비록 집을 나갔다 온 새댁이지만 신랑은 함께 살기로 하였다. 시부모들도 새댁 편이 되어 주었다. 돈을 많이 모아 미래를 아름답게 하는 것도 좋고, 안정을 위한 기반도 좋지만 조금은 서로가 좋아하는 것이 무엇인지 아쉬운 것이 무엇인지를 현재의 시점에서 잘 살펴보는 것이 얼마나 중요한가를 깨달았다고 한다. 신랑은 새댁에게 엄청난 배려로 가정을 화복하게 하는 데 노력하였단다. 얼마 후에 새댁은 아기도 생겨 여느 가정처럼 행복하게 잘 산다고 하였다.

이런 이야기를 아는 몇몇의 이웃들이 농담 삼아 남편들에게 윽박질렀다고 한다. 통닭구이 먹고 싶은데 안 사주면 누군들 못하겠어. 집나간다고 큰소리 쳐보았다고 한다. 그래서인지 세를 들어 장사한 그 통닭구이 집은 사층짜리 건물을 사 이사를 가게 되었다. 집나간 새댁의 효과인지 통닭구이 맛 때문인지는 몰라도 통닭구이는 잘 팔려나갔단다. 남편들끼리도 통닭구이만큼은 아내가 먹고 싶다하면 얼른 사주어야 한다고 말했을 정도로 하나의 작은 사건에서 한 통닭집을 부자로 만드는 데 일조를 하였던 옛이야기가 생각났다. 들려오는 풍문인지도 모르겠으나 실제로 그 통닭구이집의 맛이 일품이었던 것은 나도 인정할 수 있다. 가끔 통닭을 주문배달해서 먹을 때면 이 웃지 못할 새댁 이야기가 떠오른다.

 현재의 감정, 소망을 무시하면 결코 행복한 미래가 보장되는 것이 아니라는 것을 배웠다. 그러나 현재의 시점을 지나치게 많이 활용하면 낭비와 사치가 될 것이기에 그 적절한 기준을 각자가 잘 조절하여 살아내야 하지 않을까.

야생화의 반란

비가 내리는 들녘은 투명빛 주름치마가 바람에 일렁이는 듯하다. 우산을 받고 수풀 길을 거닐어 보노라니 마치 예전에 엄마의 주름치마 폭으로 들어가는 것처럼 행복감이 넘친다. 이 비는 나만 안아주지 않을 것 같다. 풀섶에 외로이 피어오른 한 떨기 꽃까지도 감싸며 땅으로 죽죽 내려앉는다. 지금처럼 내리는 가느린 비는 참으로 세상을 평화롭게 분위기를 이끈다. 사람의 눈으로 비쳐지는 모든 것을 또렷하게 하고, 사방 어느 곳도 아름다운 풍경이 되도록 잔잔한 음악을 깔아놓기도 하여, 마음을 여는 사람에게는 다 나의 것이 되게 한다.

고요함을 사랑할 수 있는 시간이야말로 내게는 축복의 시간이다. 먼 옛날의 시간을 회상하며 미래에 대한 계획을 찾아내고 현재 내가 있어야할 자리, 내가 가야할 길의 열쇠를 찾아내 마음의 평온을 찾곤 한다.

들판에 외로이 핀 저 꽃은 자신의 자리를 알고 스스로 피었으리라. 작지만 땅바닥에 다닥 붙어 핀 꽃은 함께 있어야만 할 이유를 알고 그렇게 모여 피었으리라. 너희는 함께 했을 때 더욱 빛나는 존재들이라고 누군가의 목소리를 듣고 꽃은 모였으리라. 야생화는 산과 들에 아무런 제약 없이 피어나는 꽃들로 보이지만 그 꽃들에게는 그들만의 사는 이치가 있기에 그 자리를 누구든 마구 건드려 놓아서는 안 될 것이다.

지난 유월에 남편 회사 부녀회에서 등산을 가기로 하여 밀양에 있는 화악산으로 산행하게 되었다. 날씨는 흐렸고 곧 간간이 빗방울이 승용차 유리창에 방울방울 떨어져 맺혔다. 이슬비는 한 올 한 올 씨실 되어 내리기 시작했다. 이런 날이 차라리 등산하기가 좋을지도 모른다고, 햇살에 눈부시지도 않다며 다섯 여인은 화악산을 거침없이 향하였다. 산행이라 해도 산책 쪽으로 준비한 등산 행은 다소 무리일 수도 있었지만 다수의 의견을 모아 산 정상을 오르기로 하였다. 산 중턱 길까지는 차를 타고 갔다. 미리 떡과 과일, 음료를 먹고 준비해 간 점심은 산에서 내려와 먹기로 하였다. 이미 비는 내리기 시작하였고 빗줄기도 차츰 굵어졌다. 비가 몸을 때리는 강도도 점점 심해져 왔다. 그렇지만 아무도 돌아가겠다는 사람이 없어 올라가는 데까지 올라갔다가 내려오기로 약속하였다. 비를 맞으며 산을 오르는 동안 잠시도 이야기가 멈춰지지 않았고 재잘재잘, 깔깔깔 하는 소리소리에 산새들도 다 달아나 버렸는지 새는 찾을 수 없었다. 다섯 여인 외에는 산을 오르는 사람도 없었다. 고사리 순 하나를 발견하고도 감탄하고 산나물 하나를 보고도 이름을 알아 맞추어가며 탄복하고 웃느라 조용한 산이 놀랐다. 비도 덩달아 놀라 거친 춤을 추기 시작하였다.

점점 산세는 가파르고 구름은 짙어져 우리 일행을 힘든 상황으로 내몰자 겁먹은 두 사람이 되돌아가자고 사정하였다. 그러나 모름지기 산행은 정상을 밟아야 하는 것이라며 강행군으로 밀어붙이는 분위기라 난 이러지도 저러지도 못하고 계속 정상을 향하는데 구름이 산 위를 덮으니 일 미터 이상의 앞도 분간할 수가 없었다. 다섯 여인이 선녀가 되어 두레박을 타고 구름 속으로 올라가는 느낌처럼 몽롱한 순간이 연속되었다. 땅 아래는 머나먼 낙원처럼 보여졌다. 그래도 정상은 가야 한다고 내세우는 사람의 의견은 이러하였다. 산 정상을 가지 못하고 내려오는 사람은 화장실에서 뒤를 깨끗하게 닦지 않은 사람과 같다는 말에 스스로 동감하여 우산까지 받쳐 들고 거친 산길을 계속 걸어 올라갔다.

인내는 쓰다 그러나 그 열매는 달듯이 드디어 정상을 밟았다. 캄캄한 하늘과 산봉우리가 한데 맞닿은 그 곳에 산신령이 금방이라도 금도끼 은도끼를 들고 나타날 것만 같은 운무에 휩싸여 혼미한 정신을 가까스로 추스린 다음 하산하기 시작하였다. 운주암까지 내려가 커피를 마시기로 하고 빗물이 흘러내리는 내리막길을 걷다가 미끄러지는 상대의 모습을 보고 서로서로 깔깔 웃으니 빗물이 입 속으로 들어가고 눈썹 위에는 빗물이 흐르는 또 다른 길이 생겼다. 하지만 빗속을 투항하는 군인처럼 발걸음을 씩씩하게, 젖은 몸을 이끌고 내려오기를 그치지 않았다. 드디어 운주암에 다다랐고 김이 나는 커피 한잔에 떨어진 체온을 올리고, 그날의 산행을 잘 마무리하려고 젖은 옷의 물을 짜가며 애써 산을 내려왔다. '악자가 들어 있는 산 이름은 험하기로 유명하다더니 화악산도 보통 산보다는 악산이라고 입을 모았다.

그로부터 한 달 뒤에 새로 부임한 부녀회원을 위해 또 화악산을 찾았다. 남편들의 발령이 있고나면 으레 부녀회의 구성원이 달라진다. 처음 만나면 좀 서먹서먹하여 인간적인 우애도 다질 겸 산행을 한다. 낯설음을 덜어주는 이런 모임이 참 좋다고 생각한다. 이 날도 아침은 비가 뿌리고 흐렸다. 그래서 악몽을 꾼 사람처럼 기분이 산뜻하지 않았는데 다행히 곧 여름 햇살이 퍼져 전과는 다른 산행을 하게 되었다. 유월의 산은 수풀이 우거진 신록만으로 즐거웠다면 이 날의 화악산은 꽃들이 반겨 주었다. 도라지꽃의 그 청초한 자태며 보랏빛의 아름다움이 재배지의 도라지꽃과는 사뭇 달랐으며 별처럼 생긴 작은 노란 꽃들이 이끼처럼 돌이나 땅에 붙어 있었다. 우리들이 별꽃이라 이름 지어 주었고, 나리꽃과 수국, 칡 꽃들이 자연의 그 순수한 색으로 우리들을 바라다보았을 때 일행 세 사람은 감동하여 감탄사로 산을 덮고 말았다. 우리들의 마음이 이러할진대 그토록 험하던 산은 그다지 힘들지 않았다. 마음 탓일까, 여름 산속에서 이름 모르는 수많은 꽃들과 마주할 때 세상의 온갖 걱정 고통이 다 사라지는 것만 같았다. 산 정상으로 향하는 길도 아주 가까워 보였다.

그런데 절망하게 하는 흔적들이 도처에서 발견되곤 하였다. 어떻게 알고 곡괭이로 산을 파헤쳤는지, 호미로 산을 쪼았는지 생각컨대 야생화를 뽑아내고 뒤처리도 아무렇게나 하고 가버린 사람들이 있었던 것이다. 그때서야 집집마다 예쁜 화분에 야생화를 담아둔 장면들이 험상궂게 밀려오기 시작하였다. 어디에서 온 꽃인 줄도 모르고 그 꽃 앞에서 차를 마셨고, 간드러지게 웃었고, 야생화를 좋아하는 것이 마치 교양인양 떠들어댔던 것에 대한 잘못이 가슴을 짓눌렀다.

눈시울이 적셔왔다. 그러면서도 일행과 보조를 맞추느라 빠른 걸음을 하고 마음을 추슬렀다. 산길 이곳 저곳 아픈 상처로 남아 있는 것이 보기에 못내 서글펐지만 혹시 이름 모를 병으로 부모나 자식이 앓아 약으로 대용하기 위한 것이라면 어쩌겠는가. 그날 세 사람은 여름 보양식으로 닭백숙을 먹고 산을 내려왔다.

지난여름은 유난히 더웠고 비도 많았다. 얌전히 오는 비보다 변덕스런 사람의 성질대로 내리는 비가 더 많았다. 아침에 산책하다 흔하여 외면 받는 나팔꽃과 언제나 인사한다. 그대로 피고 지는 모습이 아름답다. 이슬 머금은 분홍 꽃잎은 님의 입술처럼 고와서 금방이라도 입맞춤하고 싶어진다. 강아지풀과 어울려 노는 풀섶의 꽃들에게 더욱 관심을 갖게 한 것은 여름날의 산행 때문이었다. 이런 자연스런 곳에서 피는 꽃은 사람들에게 짓밟혀도 아무런 반응이 없다. 그러나 값진 도자기화분에 야생화가 옮겨지면 귀빈 대접을 받는 그 꽃들의 운명이 사람들과 괜스레 비교가 된다.

사람들은 평등을 외치면서도 왜 식물은 등급을 나누는 것일까. 난이나 비싼 식물을 키우는 자는 고귀하고 품위가 있고 선인장이나 바이올렛, 채송화, 분꽃 같은 작은 꽃을 키우는 사람들을 별로 탐탁하게 여기지 않는 마음은 왜일까. 어쩌면 자신의 마음 저 밑바닥에 신분적 상승을 꿈꾸는 사람일수록 식물에 계급을 두는 것이 아닐까.

생명력이 강한 야생화는 대개 번식력이 좋아 쉽사리 사라지지 않는다고 한다. 그러나 그들도 이쯤되면 아픔을 느끼기에 언젠가는 사람들에게 항변하지 않는다고 누가 장담하겠는가.

야생화의 반란은 우리들에게서 영원히 사라짐이다. 야생화가 스스로 울음 하여 씨앗을 낳고 씨앗은 자연의 숨결인 바람으로 어디론가 날아간다. 그리하여 다시 뿌리 내리고 사는 그곳이라야 꽃은 자신의 모양새를 있는 대로 다 펼칠 수 있을 것이다.

어떤 이는 나를 보고 태초에 야생화가 아닌 꽃은 없다고 반문할 수도 있겠다. 그렇다면 적어도 산과 들을 험하게 파헤치면서까지 꽃을 구하지 않고, 그냥 그 꽃들의 매무새와 향기가 좋아서 굳이 산이나 들에 가지 않고, 모종을 사서 가까운 뜰이나 베란다에서 보고자 한다면 그 누가 야생화 풍경을 어여쁘게 보지 않겠는가. 야생화의 아름다움을 좋아하는 사람이 많아진다고 하니 산과 들이 헐벗어질까봐 두려움이 앞선다.

사랑은 가까운 곳에 있어야만 커지는 것이 아니다. 사랑한다는 것은 자유를 내포하고 있어야 하고 평화가 있는 상태라야 할 것이다. 요즘 난 야생화가 사람을 위해 활짝 웃고 있는 해맑은 곳으로, 자주 여행을 떠나고 싶은 중병에 시달리고 있다. 꽃들이 반란하여 사라지기 전에 많이 보아야 할 것 같아서이다.

오월의 향기

 오월이라 아파트 앞 무학산에 아카시아 꽃이 피었나봅니다. 꽃향기가 집안까지 들어옵니다. 연둣빛이 점점 짙어져 가는 산 속에 하얀 아카시아 꽃이 피어나고 향기를 진하게 뿜어내는 오월은 좋은 계절입니다. 자꾸만 마음이 구름처럼 어디론가 저어갑니다.
 오월은 성모성월이어서 자주 성모당을 찾습니다. 작년 성모성월에는 한 번도 성모당 미사를 참례하지 못해서 미안한 마음에 올 오월은 초순에 미리 다녀오게 되었습니다. 조금은 살이 오른 반달이 성모당을 비춰주고 있는 밤 풍경은 정말 황홀했습니다. 혼자 찾아간 그 곳에는 먼발치에 아는 분들이 몇몇 있었지만 저는 나름대로 우아하게 미사를 드리고 성모당을 빠져 나왔습니다. 남문시장 입구에서 경찰들이 음주운전 단속을 하였습니다. 성모당에서 나오는 차들이 많으니 저희들끼리 왜 이리 차가 많은지 의아하게 생각했습니다. 성격상 설명해 주고 와야 하는데 차가 밀리는 것을 피하기 위해 쏜살같이 우회전을 해야 하는 제 마음이 좀 허전하긴 하였습니다.

오월은 성모성월인데다가 어버이날이 있다 보니 부모님 생각이 배로 나는 달입니다. 지난 토요일 부모님 산소를 찾아가 보려고 계획하였지만 여의치 못하여 가지 못했습니다. 사월에 머릿속에 수없이 부모님을 그려보았지만 제 몸이 감기몸살, 기침감기로 사경을 헤매었기에 엄두도 못 내었습니다. 저는 지쳐 있었고 하루하루 사는 일에 그저 급급했습니다. 결국 뵈러 가질 못하였습니다. 생전에, 한 번씩 몸이 예전 같지 않다고 하시던 부모님 말씀이 요즘처럼 실감나게 되새겨지는 경우는 정말 전에는 없었으니까요.

우리 부모님은 성주군 선남면 남양공원에 누워 계십니다. 아버진 늘 화장을 해 달라고 말씀하셨지만 마음속은 그런 것이 아니었습니다. 어느 여름이었던가 더위를 피해 다리 밑에서 노인들은 앉거나 누워 쉬고 있었습니다. 한 아저씨가 명함을 들고 와 노인들에게 뿌렸던 것이 지금 부모님이 누우신 남양공원입니다. "할아버지들, 영원한 집을 이곳에 마련해 보시면 잘 해 드릴게요. 새로 만든 공원이라 자리도 많아요." 아저씨에게 받아온 그 명함을 아버진 잠바 속주머니에 꼭 넣고 다니시며 내 고향에 공원이 들어서니 고향

오월의 향기

산 속에서 영원히 사는 것도 괜찮겠다고 결심을 바꾸신 거죠.

돌아가신 후에 잠바 주머니 속에 '남양공원' 명함이 들어 있는 것을 보고 모든 형제 친지들이 아버지를 남양공원으로 모시자고 결정하였고, 그 옆에 가묘로 엄마의 집을 마련해 두었습니다. 아버지가 먼저 그 자리에 누워 주위를 잘 살펴 놓으신 후에 엄마는 이십삼 년 뒤 낯설지 않은 그곳에 누울 수 있게 되었습니다.

아버진 가끔 제 꿈속에 나타나시어 보따리 하나를 건네주고 말없이 총총히 사라진 적이 종종 많았습니다. 그리고 우리 집에서 엄마가 오랫동안 아파서 제 시중을 받아야할 때 저도 좀 지쳐 엄마를 소홀히 한 때가 있었습니다. 그러할 때, 어김없이 아버진 내 꿈속으로 찾아오셨습니다. 처음이자 마지막으로 제게 말씀하셨어요. "순아, 네 엄마는 참 좋은 사람이란다. 잘 해 주어라." 아버지 목소리를 듣고 가슴이 뭉클하여 잠에서 벌떡 일어난 적이 있었습니다. 그리고 얼마 되지 않아 엄마는 세상을 떠나가셨지요. 엄마를 보낸 그 전 이 년이 늘 제 마음을 아프게 하지요. 엄마랑 저는 사이가 참 좋은 모녀였고, 어떤 이야기도 다 들어주고 달래주었던 사이입니다. 그런 엄마 밑에서 비록 가난하여 누릴 수 없었던 많은 것들이 있었다 하여도 마주보며 살아갈 수 있었던 날들이 참 행복이었던 것을 이제 알고 뉘우칠 뿐입니다.

성모성월이 되면 장미꽃 한 다발은 성모님께 드리고, 또 한 다

발은 부모님 산소에 놓아 드리고 싶습니다. 내가 죽거들랑 아무것도 가져오지 말고 꽃이나 한 다발 갖고 와 달라셨던 엄마입니다. 내가 들고 간 꽃다발을 보고 꽃향기를 맡으시면 작은딸이 찾아온 것을 알고 확인하려고 그러셨는지도 모릅니다.

  아카시아 향기 그윽함이 엄마의 향기 같습니다. 엄마 냄새와 같은 아카시아내음이 가슴에 번져 옵니다. 정말 좋은 계절이라 꼭 아버지, 어머니 산소로 내일이라도 달려가 뵈어야겠습니다. 꽃 한 다발을 사 들고서.

낙화

 사월이 왔다. 꽃들은 피어나기 시작했고 봄바람은 내게로 불어 닥쳤다. 그 바람은 은근히 나를 밖으로 몰아내었다. 초순이라 목련은 져가고 벚꽃만이 한창일 거라고 생각하고 집을 나섰다. 가창댐 부근으로 가는 길목이었다. 가로수 벚꽃이 피고 있는지, 지고 있는지 분간이 어려웠다. 분홍빛만은 눈길을 끌었다. 차를 타고 가며 세 사람은 피는 꽃을 보러 왔는지 지는 꽃을 보러 왔는지 모르겠다며 한참 동안 의견이 분분하였다.
 주차하고 벚나무 가까이 다가가서야 이제 막 피기 시작하는 꽃망울을 확인할 수 있었다. 시내보다 조금 늦게 개화한다는 것을 알게 되었다. 뒤를 돌아보니 주차장에는 한 그루의 목련이 봄날의 화신인 양 미소를 머금고 환하게 서 있었다. 몇 개의 꽃잎만이 땅에 떨어졌을 뿐, 나무 전체가 거꾸로 하트모양을 그리며 사랑을 고백하는 듯했다. 이런 순간은 잘 볼 수 있는 광경이 아니라며 꽃과 같이 인증 사진을 몇 장 남겼다.

주위를 밝혀주는 목련꽃과 가로수의 앙증맞은 벚꽃을 보면서 그것들의 낙화를 떠올려 보았다. 목련꽃처럼 큰 꽃이 떨어져 땅에 뒹구는 모습과 벚꽃처럼 작은 꽃이 떨어져 바람에 나부끼는 모습을 견주었다. 마치 사람들이 살다가 떠나고 난 뒤의 모습과 닮았다. 무릇 세상에서 큰사람이라고 타의 추종을 받았던 사람들 중에 그들의 떠난 자리가 목련꽃 떨어진 모습으로 비춰져 보였다. 멍들어 거무스름한 색이 빨리 마르지도 않고 물러 터져 눈에 거슬리는 것처럼. 큰사람이 살았을 적에 많은 이들로부터 추앙을 받아 축복 속에 살았더라도 훗날 그의 뒷모습이 기대했던 것과 달리 더럽혀진 모습이라면 그의 인생은 백목련의 낙화와 다를 바 없다. 백목련의 고운 빛 뒤에 오는 추한 모습에서 깨끗한 모습이 사라지는 것과 같았다.

작은 꽃처럼 살다간 많은 사람들이 있다. 한낮 바람결에 날려 그 흔적조차 찾을 길 없어도 내가 어떠했노라고 애타게 부르짖지도 않는다. 벚꽃이 떨어질 때 벚나무 가로수 길을 걸어 본 사람들은 알리라. 점점 옅은 분홍 꽃이 만개한 꽃 되어 소리 없이 날릴 때, 꽃눈이라며 혹은 연분홍 눈이라며 눈 맞듯 거닐었고, 밟아도 그리 멍들거나 물러지지 않았다. 또 땅 위에 내려 앉아 고들고들 마른 꽃잎 되었다가 어디론가 숨어버린다. 그래서 더 진한 여운을 남긴다.

큰 꽃의 낙화가 멍든 삶을 대변하는 것 같아 씁쓸하다. 우리는 큰사람들이 행한 사회적인 공헌에 많이 기대며 산다. 기대치가 높았는데 실망을 주는 일이 일어나 허탈할 때도 많았다. 그러면서 또 다른 큰 사람이 나타나기를 희망한다. 큰 사람들이 한 번쯤은 자신의 뒷모습을 소중히 생각해 보는 마음을 가져 보라고 저기 백목련 꽃은 해마다 그렇게 피었다 지는 것이리라.

작은 꽃 같은 사람들은 살아서 이름 한 번 내비추지 않고도 있는 듯 없는 듯 잘 살아낸다. 누구를 위해 살았노라고 목소리도 높이지 않는다. 그저 사람들의 인연 속에 스치며 살 뿐이다. 오로지 자신의 삶에 우직할 뿐이었다. 그러다 언젠가 그들의 작은 일상도 소리 없이 흩날려 갈 것이다.

작은 꽃 같은 내 삶이 어찌 벚꽃의 낙화와 비길 수 있겠는가. 작은 삶이라도 그처럼 곱다고 말할 수 없다. 방긋 웃다가 사라지는 그 작은 몸짓을 난 더욱 사랑하리라. 봄날의 풋풋한 하루를 꽃과 더불어 생각해 본 날이다. 작은 꽃의 낙화가 내 마음 속 깊이 거대한 산처럼 곳곳하게 자리 잡아 주었다. 지금부터라도 더 밉지 않는 작은 꽃이 되는 삶을 살고 싶다. 작은 꽃잎 흩날리며 사라지는 조용한 마지막을 위하여 내 진정 고운 꽃을 피워보리라.

호박꽃

　세상의 많은 꽃들은 아름다움의 찬사로 대접을 받는다. 꽃을 본 사람은 누구나 밝은 표정을 짓고 행복한 마음이 된다. 어떤 슬픈 사연이 없고서야 꽃을 보고 우는 사람은 없을 것이다. 꽃을 좀 더 가까이 보고자 하는 마음은 꽃을 꺾어 꽃꽂이로 멋지게 연출하려 하고, 투명한 유리병이나 투박한 도자기 병에 꽃을 통째로 꽂아 보기도 하며, 예쁜 꽃을 책장 사이에 넣고 눌러 말린 꽃을 만들어 오래보고 또 그때의 향수에 젖기도 한다.
　그런데 유독 꽃 중에서 못난이의 대명사로 불리는 호박꽃이 있다. 화려한 자태가 아니라서 사람들의 마음을 사로잡지 못하여 외면당하고 사는 것이다. 그러나 벌들은 호박꽃을 무척 좋아하는 것 같았다. 노란빛과 주황빛이 어우러진 호박꽃은 벌들이 드나들기 좋은 조건을 가지고 있었다. 다른 꽃보다 넓은 나팔모양의 꽃잎이 벌어져 있어 벌들은 힘들이지 않아도 쉽게 꽃 속에 들어가 꽃의 단맛을 빨아 먹는다. 꽃 속은 벌들이 단맛을 먹는 동안 웬만한 비나 바람으로부터 안전할 수 있는 꽃 굴이 깊다. 넓은 꽃잎은 비와 바람이 오면 입구를 막아버린다. 벌은 그곳에 오래 머물며 온몸으로 호박꽃을 애무하여 꽃가루옷으로 전신에 갈아입은 채 누워서 여유를 부리고 있는 모습을 자주 보았다. 작은 꽃잎 속으로 드나들 때 벌들은 무척 불편했음인지 자신들이 마음대로 오갈 수 있는 호박꽃의 꽃길을 좋아하였고 은근히 즐기는 듯하였다.

그다지 매혹적이지 못해 서러울 것 같지만 호박꽃은 충실한 열매를 맺는 것이 꽃의 사명이라 여기고 사람들의 따가운 시선도 아랑곳하지 않고 오로지 자신의 생명을 불태우는 일을 게을리하지 않았다. 그들의 열매는 어떤 꽃보다 대단히 실하였다. 사람들은 꽃 축에도 끼워주지 않았지만 그들의 열매는 실속이 있었다. 호박잎이 내 손바닥만큼 자라면 그걸 따다 밥 위에 쪄서 된장이랑 쌈을 싸 먹었고, 꽃이 방귀를 껴 맺은 구슬 같은 호박이 내 주먹만 한 애호박이 되면 참기름에 새우랑 볶아 먹고, 연둣빛 전도 부쳐 먹는다. 어쩌다 눈길을 놓쳐 제 때 따지 못한 애호박이 늙은 호박이 되어 버리면 둥근달처럼 누런 호박을 한 아름으로 안고 와 꿀을 넣고 중탕을 하고, 호박죽도 끓여 먹고, 주황색 부침개도 만들고, 씨는 까서 술안주와 미숫가루도 하고 쓸모가 이만저만이 아니었다. 이처럼 사람들에게 유익한 것을 주는 꽃이 얼마나 될까? 못난 얼굴을 가진 꽃이라 기죽인 탓에 얼굴 빼고는 모조리 사람들에게 영양분으로 바치는 희생적인 꽃이다. 꽃의 계절이 와도 화려한 장미와 다소곳한 수국과 산과 들의 야생화에 밀려 명함조차 내밀 수 없는 가엾은 신세를 한탄하지도 않았다. 그저 수더분한 자신을 당당하게 살찌우려 애쓰며 그만의 성실한 열매에 희열을 느꼈다. 가을 들녘에 누런 호박들이 한 해를 이야기한다. 바위덩이처럼 단단한 누른둥이 호박들이 누리는 여유가 왠지 부럽기만 하다. 속이 얼마나 영글었는지 수박 익은 것을 고를 때처럼 몇 번이고 두들겨 본다.

  호박꽃으로 소꿉놀이를 많이 하였다. 만개된 호박꽃을 통째로 따서 돌도마 위에 놓고 못쓰는 학용품칼로 잘게 쓸면 평면적인 꽃 모양이 나온다. 순처럼 작은 호박잎 위에 그 꽃을 얹고 예쁜 반찬을 몇 개 차려 놓은 뒤, 암술로 꽃밥을 만들어 아빠, 엄마놀이를 하며 먹는 시늉을 하였다. 이때의 아름다운 밥상의 재료는 거의 호박꽃이었다. 그 당시 여자들의 선망의 대상인 미스코리아 놀이도 빼놓을 수 없는 추억거리였다. 호박꽃 두세 개를 따 탱자가시로 이어 왕관을 만들어 쓰고, 넝쿨손은 따다 마디를 내어 늘어뜨려 목걸이와 반지, 팔찌, 귀걸이를 만들어 곳곳에 주렁주렁 걸고, 큰 호박잎으로 의상을 대신하면서 언니들이 신던 굽 높은 구두도 신고 미스코리아대회 놀이를 하였던 재료들도 호박꽃이었다.

어렵게 살던 그 시절 우리들의 마음에 호박꽃은 왠지 모를 넉넉함을 선사해 주었다. 울타리마다 호박꽃들이 피고 번져나가면 이리저리 호박이 열리고 먹거리가 풍성해지기 시작하였다. 호박꽃이 피면 내 용돈이 생기기도 하던 때였다. 호박잎을 따서 강아지풀로 묶어두면 엄마는 개수만큼 용돈을 주었다. 학교에서 돌아오면 일복을 갈아입고 밀짚모자를 쓰고 연한 호박잎을 따러 나갔다. 나는 그 시간이 마냥 좋았다. 탱자나무 가시 위로 호박꽃이 이리저리 뒹굴며 자유롭게 자라는 모습이 자유의 화신 같았고, 탱자나무 가시를 품어안고 피고지는 그 꽃이 너무도 사랑스러웠기에 호박꽃이 못난 꽃으로 보여지지 않았다. 넉넉하지 못한 가정환경에서 대나무처럼 곧은 삶의 선만을 보았다면 나는 어느 땐가 질식하고 말았을지도 모른다. 만약에 호박꽃이 양귀비처럼 매혹적이기만 하였다면 난 호박잎 따러 가는 작은 일에도 투정을 부리며 엄마의 일손 거들기를 마다하였을 것이다. 화려한 꽃 앞에서 가끔은 내가 얼마나 초라하였겠는가. 호박꽃은 사람을 높이고 자신은 겸손하게 낮추는 미덕을 갖추고 있는 꽃이다.

호박꽃은 어린날 나의 또 다른 이름임을 고백한다. 셋째오빠가 우리 집 못난이라고 놀릴 때 불러준 이름이다. 박호순이라고도 하였는데 더러 속상해서 운 날도 있었다. 오빠가 결혼하기 위해 맞선을 보러 다니면서 내게 한 말이 있다. "우리 집 못난이 박호순, 호박꽃이라고 많이 놀려 먹었는데 내 눈이 멀었던 게지. 선보러 다녀보니 내 동생같이 예쁜 동생은 없더라. 미안하다, 호박꽃. 넌 정말 미인 축에 끼일 수 있다. 진짜다, 믿어라." 그때 내 속은 다 풀렸다. 엄마에게, 언니들에게 동생 같은 색시만 있다면 장가가겠다고 하였다. 여자 구해줄 것을 이야기해서 오빠가 결혼하기 전까지 우리 집에 명언 같은 말이 생겨났다. 너무 가까이 있는 것은 귀한 줄을 모르는 법이라고.

  호박꽃을 한 해도 보지 않고 지나간 해가 없었고, 늘 가까운 곳에서 볼 수 있었다. 그 부분들을 일용할 양식으로 자주 애용하였다. 흔한 고백일 수 있지만 난 호박꽃을 사랑한다. 그 꽃의 자유로움을 배우고 싶고, 꽃이 주는 열매의 큰 사랑을 배우고 싶은 것이다.

먼 산을 보다가

평광동 사과나무 | 소낙비 | 먼 산을 보다가 | 아양 기찻길의 추억 | 그날의 수제비 | 불로고
분을 거닐며 | 스님 된 친구 | 토마토와 청년 | 양푼이비빔밥 | 목도리 | 봉무공원

평광동 사과나무

　산들로 둘러싸인 평광동엔 사과밭이 많다. 봄엔 하얀 사과꽃이 귀엽게 피어 있곤 했다. 가을과 맞닿은 빨간 사과가 휘어진 가지마다 매달려 있다. 늙은 노모가 많은 자식을 업고 있는 모습 같다. 빨리 사과를 따서 궤짝에 넣어야 맘이 편할 것 같다. 길까지 꼬불꼬불 예스런 풍경이다. 옛날 사과나무는 키 크고 덩치도 커서 바구니를 어깨에 메고 나무에 올라가 따는 일이 많았다. 한 사람이 따면 아래에서 받아 담기도 하였다. 해질녘 사과나무에 올라 사과 따 담던 풍경이 떠오른다.
　언제부터인가 대구는 기후변화로 인해 사과나무가 살기에는 적당한 환경이 되어주질 못했다. 사과밭은 점점 사라지고 말았다. 대구의 명물 사과가 으뜸이었던 자리를 내어준 지 오래이다. 산으로 둘러싸인 평광동과 대구 근교의 한 모퉁이에서나 겨우 명맥을 유지하고 있다. 거의 복숭아나 자두, 포도로 대체되어 버렸다.

대구가 사과의 도시라는 말은 우리들 세대끼리나 하는 말이다. 이제는 다른 지방에서 더 많이 사과가 생산된다. 세계적인 기후 탓도 있지만 개발의 힘도 무시할 수 없다고 본다. 그때의 사과 과수원이 아파트로, 도로로 변해 버렸다. 사람들의 발길이 잦다보니 생활환경이 과수원에 공해가 되었다. 사과나무는 답답하기 시작하였다. 마침내는 숨이 막혀 고사하고 말았을 것이다. 도시는 왠지 숨 막힐 듯하고 언젠가 벗어나야 할 것 같은 답답함이 있다. 그래서인지 사과나무는 점점 더 깊은 산기슭으로, 서늘하고 숨 쉬기 좋은 곳으로 달아나기 시작했다.

사람들이 그 좋은 터를 빼앗아 놓고는 대구에는 사과가 잘 안 된다고 소문을 터뜨렸다. 그럼에도 불구하고 숨어서라도 대구의 사과 이름을 유지하려고 몸부림친 곳이 평광동이었다. 이제 와 귀한 대접을 받는다. 사과 맛도 좋았다. 단물도 많고 아삭아삭한 것이 팔공산의 정기를 받아서일까. 사철 숲으로 둘러싸인 곳이라 공기가 좋아 사과는 맛내기에 멋졌다. 사람들의 왕래도 적고 산새와 들새만이 동네의 적막을 조금 깰 정도였다. 평광동 사과나무는 품질을 개량한 것인지 키도 작고 가지들이 아래로 많이 뻗고 있다. 작은 나무인데도 사과는 빽빽하게 달려 있어 수확하기에 수월해 보인다.

　대구는 사과의 고장이라 미인이 많았다. 미인 대회에서 각광을 받기도 했다. 그러나 이제는 대구의 미인이 줄겠고 사과를 경작하는 청송이나 영주, 문경에서 미인이 나올 가능성이 높겠다. 평광동 사과밭은 경작지가 그리 넓지 않다. 언제까지 이 보배로운 사과밭 단지가 남아 있을지 걱정이 앞선다. 빨간 사과가 열려 있는 청명한 가을날의 과수원 풍경은 어떤 꽃밭보다도 아름답다. 옛날 사과밭에는 발갛다 못해 검붉은 빛 홍옥이 넘쳐났다. 새콤달콤한 그 맛이 좋은데 지금은 재래시장에서 가끔 만나볼 수 있다. 다른 개량 종류의 사과가 우리의 입맛을 거의 잡고 있고 보관 방법도 좋아서 늦은 봄까지 제 맛을 내는 사과도 있으니 가격도 좋게 팔린다.

　그러한 평광동에 대구-포항 고속도로가 그 부근을 통과하고 말았다. 더 이상의 개발은 없어야 사과가 살 수 있을 거라는 생각이 들었다. 과수원 농사보다 개발이 물질적 풍요로움을 더 줄 수 있기에 주인은 사과밭을 포기하고 사과나무를 베어버릴지도 모르기 때문이다. 평광동 사과가 사라지면 대구의 사과는 없는 것과 같다. 대구가 사과의 고장이란 말은 전설로 전해들을 수밖에 없는 하나의 이야기로만 남게 될 것이다.

　지난여름 뜨거운 태양 아래 얼굴 그을리며 빨갛게 익은 사과는 가을 앞에 당당히 자신을 보인다. 그런 빨간 사과에게 힘찬 박수를 보내고 싶다. 누구에게라도 달콤한 사과맛을 보여주겠노라는 자신감이 붉게 타오르고 있음이 전해진다. 좁다랗고 굽은 길 옆으로 사과밭이 있다. 머지않은 날 내 등줄기 같은 길이다. 휘어 늘어진 가지마다 매달려 있는 사과는 주인이 부르면 가지에서 내려와 상자에 얌전히 앉는다. 사람들에게 자신의 전부를 내맡기며 그것이 행복인 사과는 평광동 흙 속에서 꿈을 꾸었고, 봄부터 새순 올려 하얀 꽃을 피웠다. 여름 내내 빨간 사과가 되기 위해 햇살에 몸을 태우며 따가움도 참았다. 이제 빨간 꿈을 이루고 보석처럼 매달린 사과를 본다. 가을이 사과에게도, 나에게도 감사의 계절이라는 것을 실감나게 전해주고 있다.

소낙비

유년의 어느 여름날 일이었다. 고추밭은 칠월의 햇살을 받아 초록의 빛을 산뜻하게 선보였다. 좀 더 시일이 지나면 초록이 붉은 색에 덮이면서 매운 맛이 강한 고추가 달리게 된다. 아래를 향해 자라는 고추를 맵지 않을 만큼 때를 맞추어 딴다는 것은 시간과의 다툼이었다. 붉은 고추를 만들기 위한 농사가 아니라 풋고추를 따서 파는 농사일인 만큼 쭉 곧고 잘 생긴 고추라야 주인은 제값을 받는다.

여름은 해가 길기 때문에 학교가 파하고도 집으로 와서 밭일을 거들어 줄 수 있다. 학교에서 돌아오면 엄마는 봄부터 가을걷이가 끝날 때까지 언제나 밭에 계셨다. 농사철은 학교 숙제는 뒷전이다. 집안일을 우선으로 하고 남는 시간에 숙제를 하였다. 숙제는 다음 날 학교에서 검사 받을 요령으로 중간에 약간 빼먹고 하기도 하면서 최대한 속전속결로 마무리 지었다.

  병으로 누워 계시는 야윈 아버지만이 종일 신문을 보시거나 라디오를 들으시거나 심심풀이 화투놀이를 혼자 하시곤 하셨다. 아침 등교시간이 되면, 엄마는 너희들이 학교에서 돌아올 때는 어떤 밭에 있을 거라고 대충 일러 주신다. 토마토와 오이 농사가 끝날 즈음이면 고추밭일이 더 바빠졌다.

  그러한 여름의 하루, 초등학교 오학년 때의 일이었다. 학교를 마치고 집에 들어서자마자 소낙비가 쏟아졌다. 갑자기 밤이 된 것 같았다. 어둠 속에 번개와 천둥이 번갈아 가며 번쩍이고 울리었다. 양철로 이은 처마는 귀가 따갑게 소리쳤다. 마당의 흙들이 비에 놀랐는지 먼지를 몇 번 날리지도 못하고 숨이 죽어 엎드려 버렸다. 비바람도 길가의 버드나무를 후려쳤다. 버드나무 위로 기어 올라가던 매미가 길바닥에 떨어져 뒹굴다가 소낙비를 따라 도랑물로 흘러들어갔다. 길가의 나뭇잎들도 여기저기 떨어져 정신을 잃었다. 밭일 나간 엄마가 생각났다. 요란스럽게 퍼붓는 빗줄기와 번개, 천둥소리는 엄마에게 가야하는 나를 섬뜩하게 방해하였다. 비가 그치기를 기다렸으나 퍼붓는 빗줄기는 멈춰줄 기미를 보이지 않았다. 얼마의 시간이 지났을까. 비가 조금 잦아들기 시작했을 때 난 고추밭 길로 향하였다. 우산을 받치긴 했으나 세찬 비바람에 옷은 그냥 젖어버렸다. 맑은 날씨라면 십 분도 걸리지 않을 거리지만 오늘은 그렇게 갈 순 없었다. 우산을 곧게 받쳐 들기 위해 두 손으로 우산대를 힘을 다해 꼭 잡았다. 우산이 거꾸러지고 내 몸도 거꾸러져 중심을 잡지 못하고 허우적거렸다. 한발 한발 걸어가는 내내 이런 빗속에 일하고 계실 엄마가 안타까웠다. 그런데 놀랄 일은 그 짧은 시간에 내린 비가 밭길을 삼켜버린 것이다. 도로보다 낮은 들녘은 모두 물바다가 된 것이다. 어디로 가야할지 몰랐다. 엄마는 이 물밭에서 아직 고추를 따고 계실까. 별안간 걱정과 함께 두려움이 밀려왔다. 어떻게 가야할지. 평소에 다니던 길을 더듬어 생각하면서 물길을 걸어갔다. 점점 깊어지는 물의 깊이는 내 종아리에서 허벅지로 점점 허리 배꼽까지 올라왔다. 갈수록 물살이 세어지기 시작했다. 늘 보아왔던 이웃집 기와지붕을 보면서 방향을 잡아갔다. 그러나 어느 곳이 밭인지 길인지 경계도 알 수 없는 길을 가기란 쉽지 않았다. 오직 엄마에게 가야만 한다는 생각뿐, 때마침 비는 그쳤다.

　아직 먹구름이 덮인 하늘은 어둡기만 하였다. 물이 더 불어날지도 모른다는 생각에 다급하여 엄마를 목청껏 불러보았다. 대답이 없자 울먹이는 목소리로 더 크게 엄마를 불렀다.

　"엄마!"

　"그래 나다. 엄마를 계속 더 크게 불러다오. 네 목소리 나는 대로 갈 수 있게 엄마를 불러 봐라."

"엄마 엄마!!"

엄마는 어둠속에서 고추보따리를 머리에 이고 나타나셨다. 딸의 목소리를 듣고 방향을 잡아 물밭길을 걸어 나오신 것이다. 갑자기 내린 비라 곧 그칠 것이라 생각하고 열심히 고추를 따고 계셨단다. 고추가 무엇인지 그 위험한 순간에도 고추 포대기를 머리에 이고 걸어 나오신 걸까. 그 모습을 보니 눈물이 와락 쏟아졌다. 엄마는 불어난 물에 그만 방향을 잃어버렸고 갈팡질팡하셨단다. 동네 기와지붕도 보이지 않고 먹구름이 짙게 깔려 한걸음 앞도 보이지 않더라고 하셨다. 그때 내가 엄마를 불러 주었단다.

"네가 와 주어 정말 고맙다. 네 목소리가 나를 살렸네."

반가운 엄마의 모습이었지만 물에 적셔진 옷을 입은 엄마의 야윈 몸이 그대로 내 두 눈에 들어왔다. 그 모습 뒤로 고생하며 흐느적거렸을 수백 번의 엄마의 몸살기가 내게도 전이되어 살이 떨렸다. 마냥 웃으시며 물먹은 고추보따리를 이고 계시는 엄마에게 다가갔다.

"엄마 내가 이고 가 볼게."

이고 있던 고추 보따리를 받아 내 머리 위에 이어 보았다. 엄마는 물먹은 고추는 무겁다며 주지 않으려 했으나 물바다를 건너오느라 기진맥진했을 엄마에게 더는 보따리를 맡길 수 없었다. 내 생애 처음으로 머리에 이어본 고추포대기였다. 비틀거리며 머리에 이고 집으로 오면서 엄마의 고생을 그 어떤 때보다도 가슴 깊은 곳까지 느낄 수 있었다. 어린 아이였지만 이렇게 우리를 키우고 계셨다는 것을 알게 되었다. 짠한 마음이 내 몸을 더욱 비틀거리게 하는 것 같았다. 동네 사람들이 우리 모녀를 보며 큰일 날 뻔했다고 말을 건넸다. 제 몸보다 큰 보따리를 머리에 이고 온다며 안쓰러움과 칭찬이 오갔다. 목이 휠 것 같은 이런 보따리를 얼마나 많이 이고 다니셨을까 짐작하니 울먹여졌다. 엄마의 목소리가 내 등 뒤에서 다시 들려왔다.

"오늘 내가 산 것은 오로지 우리 막내딸 덕분이지."

그 말이 천둥소리보다 더 크게 어린 내 가슴을 때렸다. 엄마는 우리들을 위해 몸이 부스러지도록 일하셨는데, 이 작은 일을 두고 몇 번을 되뇌시며 고마워하시는지 내 두 눈에 소낙비 같은 물줄기가 뺨을 타고 흘러내렸다. 그날이 까마득한 먼 날이 되고 말았어도 가끔씩 하늘나라에 가 계신 엄마를 그리워하며 그때의 소낙비 같은 눈물을 흘리고 있다.

먼 산을 보다가

    일월은 겨울의 절정이다. 해질 무렵 퇴근길에 신호등 앞에 멈추어 시선을 잠시 먼 곳으로 두다가, 아파트 고층 건물과 건물 사이로 먼 산이 끼어 있는 모습이 내 눈길을 확 잡았다. 앞쪽의 산은 검은 회색, 그 뒷산은 보다 연한 회색빛 겨울 산들이 겹겹이 누운 능선은 원만한 둥근 선이다. 일찍이 저러한 산들을 수없이 바라보았을 텐데 오늘은 왠지 느낌이 다르게 다가왔다. 신호등은 불빛이 언어이다. 출발을 알리는 그 불빛을 보고 차를 움직였지만 내 맘은 그 먼 산을 계속 바라보고 있었다.
    부모님 산소 같은 산, 우리 조상들은 산이 많아 산소를 산처럼 둥근 선으로 마감하였을까? 둥근 선들에 익숙한 것은 우리나라의 환경 때문일지도 모른다며 스스로 긍정의 답을 내리고 고개를 끄

덕였다. 각지고 정렬된 사각이나 삼각보다 평소에 늘 원에 더 이끌렸던 것이 우리가 사는 곳곳에 산이 많은 것과 관련이 있는 듯했다.

먼 산을 보니, 옛날이 떠오르고 회색빛 겨울산을 분홍, 연둣빛으로 봄산을 그리고 싶었다. 어린날 진달래꽃을 구경하러 가던 사람들의 발자국 소리가 정겹게 들려왔다. 버스가 대중교통의 전부라고 해도 틀린 말이 아닌 그 시대에 팔공산에 꽃 보러 가는 사람들은 만원 버스를 탔고, 버스를 타기 위해 줄지어 있다가 시간에 쫓긴 사람들은 아예 걷거나, 걷다가 타거나, 걸어가다가 도중에 인근에서 놀다 가는 사람들도 많았다. 주로 일요일이었다. 초만원의 버스였지만 복잡다고 하소연하기보다 자신 한 명, 식구 한 명 더 태워 주기를 떼썼고, 버스에 발을 얹기라도 하면 차장이 몸으로 밀어 넣어 간신히 버스를 타고 갈 수 있는 행운을 얻었다. 요즘은 무엇이든지 조금만 불편하면 신고하고 견디기 어려워한다. 예전에는 불편함도 견디는 것이 미덕이었다.

팔공산 언저리마다 진달래가 분홍빛으로 물들면 남녀노소 다 기뻐하였다. 겨우내 칙칙한 산과 들처럼 마음도 그러하였던 까닭이었는지, 밝음을 향한 사람들의 아우성이었는지 감탄사를 연발하였고, 심지어 그 마음을 오래 간직하고파 꽃을 꺾어 오던 사람들도 더러 있었다. 그 꽃 한 가지라도 들고 와야만 꽃구경 간 사람의 여운이 남아 있는 것처럼 빈 병에 꽃을 꽂아 두고 몇 날을 취해 살았던 우리네 삶이었다. 여기에 현재의 관점으로 도덕성이나 환경보호라든지의 의미는 부여하고 싶지 않다. 꽃을 뿌리째 캐오는 사람들에 비하면 그래도 꽃 한 가지는 봐줄 수 있으니까. 아마도 그때는 온실도 귀하고 해서 꽃구경하기가 쉽지 않았고, 늦은 가을 국화꽃 지고나면 처음 맞는 꽃이어서 진달래가 봄꽃의 대명사가 되었지 싶다. 그 기쁨이 극에 달하였음이리라.

꽃을 보고서야 지난겨울 혹독한 추위를 견뎌낸 자신이 대견하고, 자신이 살아 있음에 또한 감사하는 방법 중에 하나가 봄꽃구경이었던 것 같다. 요즘은 매화, 벚꽃 구경도 장관이지만 내가 본 봄꽃의 축제는 어린날 본 팔공산 진달래꽃 구경이었다.

만원버스를 타고 팔공산으로 간 사람들이 꽃구경은 했지만 돌아오는 길은 만만치 않았다. 해가 질 때까지 즐기고서야 버스를 탔기에 그 많은 사람들을 동시에 태울 수는 없었다. 증차도 하였을 테지만 버스도 흔하지 않은 시절에 차례를 기다리다 지치거나 막차를 놓친 사람들은 걸어서 시내까지 들어왔다. 어느 해는 새벽까지 팔공산에서 걸어오던 사람들이 우리 집 앞을 지나며 이야기하는 소리와 발자국 소리로 잠을 깨우곤 하였다. 잠을 자지 않고도 저렇게 꽃구경을 해야만 사는 건가 좀 의아해하며 빈정거렸던 적도 있었다. 그런데 살다보니 그렇게 즐기고 사는 사람들의 심정을 이해할 것만 같았다.

　먼 산을 바라보다 옛날의 꽃구경이 생각났던 것은 일월의 추위로부터 벗어나고픈 간절함 때문이다. 봄을 맞이하려면 이 추위도 멋지게 이겨내야 하는데 해가 갈수록 겨울이 싫은 것은 그만큼 겨울을 이길 수 있는 강인한 내면의 의지가 줄고 있거나, 즐거운 일들이 해마다 없어지는 증상이라고 해야 할까. 드러내지 않았지만 심한 겨울병을 앓는 환자인 셈이다.

　먼 산의 능선이 아름다운 것은 자유로움 때문일 것이다. 현재에서 일탈하고픈 마음의 반향이 오늘 먼 산과 맞닿았다. 그러나 살아 있는 한 그 자유로움을 만끽하지 못할 것 같다. 하늘나라에서나 그 자유로움에 흥겨워할 나이기에 죽는 그날까지 그 자유로움을 그리워할 수밖에. 먼 산을 보다가 이런 흥얼거림으로 겨울 하루를 마감하며 위로의 잔을 혼자 마실 뿐이다.

아양 기찻길의 추억

 오랫동안 대구선의 한 부분이었던 아양 철교가 폐선이 되었다. 이제는 아양 기찻길이라는 찻집이 철교 위에 앉아 있다. 그 아래에 금호강이 유유히 흘러가고 있다. 물새 몇 마리 강 위에 나지막하게 날고 있는 아양철교 위를 걸어가노라면 유년의 추억이 나를 손짓한다.
 더운 여름날에는 철교 아래에서 벌거벗은 아이들이 개헤엄으로 날쌘 몸을 움직였던 곳이기도 하였다. 아양철교 위를 달려가던 기차 안에는 통학을 하던 중고등학생들이 많았다. 그들은 강물에서 물장난하던 아이들에게 환호성과 함께 손을 흔들어 주었다. 그 정겨운 풍경들이 지금의 나에게 잔잔한 웃음을 던져주는 것은 그때를 행복하게 생각하기 때문일 것이다. 벌거벗은 몸을 숨기려 물속에서 얼굴만 내 놓은 채 그들에게 작은 손을 흔들며 웃음으로 답례했던 소녀가 쉰이 넘어 이곳에서 그때를 반추할 줄이야 정말이지 몰랐다.

아양철교를 지키는 간수도 있었다. 간혹 철교 건너편 어떤 사람이 둘러 오는 길을 외면하고 가깝게 질러오는 철교길을 건너오기라도 하면 간수는 호루라기를 불며 건너는 행인을 되돌려 보냈다. 때마침 기차가 가까이 오고 있다는 기적소리라도 들리면 달려가서 그 행인을 급히 피신하는 난간으로 데리고 가 사고를 막는 일도 적잖게 있었다. 그 아슬아슬한 철교 길 위를 건너는 사람은 강심장이었을 것이다. 고소공포증이 있는 난 몇 걸음도 떼지 못하고 주저앉았을 것이다. 결국에는 안타깝게 죽음으로 끝나는 불상사도 있었기에 우리들은 아양철교 위를 건너지 않는 것을 무언의 약속처럼 지키고 살았다. 그래서인지 여기에 찻집이 생기기 전에는 이 위를 한 번도 건너보지 못했다.

아양철교 아래에서 우린 공기놀이도 곧잘 하였다. 강물줄기 따라 생겨난 자갈돌섬에는 고운 공깃돌들이 많았다. 그걸 주워 담아 강둑 한켠 풀섶에 몰래 쌓아놓고 심심하면 꺼내 공기놀이를 하였다. 치맛자락에 담겨져 온 공깃돌들은 얼마 되지 않아 조약돌처럼 반질반질 윤이 나곤 하였다. 아낙들이 찾던 빨래터의 그 돌들은 물 아래 깊이 빠져 있을 것이다. 카누 연습장으로 물을 가두어놓아 물살은 옛날의 흐름을 타지 않고 흐르고 있었다. 그래서인지 물은 전반적으로 깊어 보였다.

이쯤에선가 어느 여름 보슬비가 내리던 날, 군복 빨래하러 온 일등병들이 귀여운 소녀들에게 불어주었던 휘파람소리가 들려오는 것 같다. 여름이면 민물고기를 잡아 매운탕을 끓여 팔던 매운탕집의 비닐천막이 눈에 선하다. 갑자기 얼큰한 맛이 입 속으로 들어오는 느낌이다. 민물고기와 재첩, 칼조개와 다슬기가 유난히 많아 강물 속에서 간식거리를 직접 잡아 해결한 유년은 그야말로 웰빙과 힐링의 자연스런 시간을 산 것이다. 탱자나무 가시는 다슬기를 빼먹는 도구였으며 사발유리병은 물고기를 잡는 도구였다. 먹고 싶은 양만 잡아와 먹고 생각이 나면 물속에서 그것들을 채취할 수 있었던 것은 강물이 그만큼 깨끗했기 때문이다. 공장폐수와 생활오수가 강물로 흘러 들어오면서 그 많던 간식거리는 사라지고 매운탕집도 문을 닫고 말았다.

아양철교 아래 높은 바위 위에서 다이빙했던 그 용기백배했던 소년 소녀들은 지금 곳곳에서 제몫을 다하며 살고 있을 것이다. 생각해 보면 강물 속에 뾰족한 돌덩이도 많았는데 크게 다치지 않고 그 시절을 보낼 수 있었던 것이 참 다행스러웠다. 홍수로 큰물이 된 강을 겁도 없이 오가며 폼 잡았던 위험천만한 친구들이여! 그날의 용기로 우린 어떤 어려움도 견디고 참아내는 강한 의지의 어른이 된 것 같다.

　아양철교에는 이제 기차는 지나가지 않는다. 대구선 일부가 폐선이 된 곳에 더러는 공원화하여 시민들의 휴식처로 각광을 받기도 한다. 기차의 기적소리도 추억의 한 부분이 된 듯하다. 아양철교에서 그 소리를 들을 수 없지만 그때의 기차 기적소리를 가슴으로 안아 울림을 듣는다. 귀안으로도 찡하게 울려주는 것 같은 흥분을 가라앉힐 수 없다. 아양철교와 강둑길 도로 건널목을 지키며 안전을 위해 힘쓴 간수 아저씨들의 노고를 이제야 알 것 같다.

　건널목 부근 철도부지 위에 지어진 친구의 집은 부수어져 없어지고 몇 년 동안 잡초만이 어지럽게 자라고 있었는데 공원이 되었다. 그 친구를 한 달에 한 번 만난다. 만나면 우리들의 어린날 이야기는 무궁무진하여 멈춰지지 않는 전설로 이어져 갈 뿐이다.

　아양철교 위를 열차찻집으로 꾸민다는 이야기를 오래 전부터 들은 적 있다. 많은 사람들이 아양철교 위에서 이야기꽃을 피울 것 같았다. 한 번도 그 위를 걸어보지 못한 나로서는 아양철교 위에서 강의 유속도 살펴보고 그 자리에서 바라보는 어린날의 나를 찾아보리라 했다. 그 위에서 자유롭게 고향 마을을 바라보며 세월을 거꾸로 걸어가고 싶었다. 그날이 오면 아양철교 위에 서서 아련하게 들려오는 옛이야기에 도취되어 하염없이 생각에 잠길 것 같은 예감이 들었던 것이다.

나를 이끌어 살아내는 힘을 주는 시간은 아마도 유년의 그 자리에 설 때 최고조가 되는 것을 부정할 수 없다. 아양기찻길을 걸으며 내 마음의 두근거리는 속삭임을 스스로 엿들을 수 있는 시간이 사뭇 기쁘다.

그날의 수제비

그해 11월, 엄마는 가을걷이로 벅찬 나날을 보냈다. 이즘의 가을 날은 회색빛 하늘이 자주 드리워지고 바람이 스산하고 낮 길이도 점점 짧아졌다. 그래서인지 엄마의 마음은 벌써 겨울이 왔다. 날이 더 춥기 전에 농사일을 마무리해야 하기 때문에 숨 돌릴 틈도 없었다. 아버지는 몇 해 동안 병마와 힘든 싸움으로 간신히 생명을 건진 터라 농사일은 전체 머리만 틀어주셨다. 엄마는 나머지 종사일 몸체를 다 움직이지 않으면 안 되었다.

가장 큰 마무리 작업은 움터를 만들어 겨울 동안 저장할 배추와 무를 얼지 않게 짚을 넣어 두는 것이고, 아궁이에 불 지필 땔감은 집 마당으로 들여 놓는 것이었다. 여름내 토마토, 오이, 가지, 고추들을 지탱했던 나무들을 섭렵하여 재활용할 것과 땔감으로 쓰일 것들을 분리하여 창고와 마당으로 정리하는 것도 예삿일이 아니었다. 이맘때가 되면 엄마는 한 해의 결실을 되짚어보고 처음 시작할 때와 무엇이 다르고, 얼마나 농사일에 전념했는지를 노래하였다. 너무 허망한 해에는 한숨 섞인 노래를 읊기도 하였다. 늘 그렇게 반복하여 자신을 다독이고 또 한 해를 어떻게 맞이할 것인가를 생각하며 밤에는 뜨개질을 하곤 하였던 모습이 생생하게 떠오른다. 이런 날들 속에 엄마는 자신의 밥 한 끼 식사시간도 아끼면서 아버지의 매 식사와 약까지 시간을 맞추기 위해 들판을 달려오고 갔던 어느 날의 이야기이다. 입맛이 짧은 아버지를 위해 엄마는 늘 반찬을 번갈아 주려 애쓰고 잘 드실 수 있도록 배려하곤 하였다. 계란찜을 좋아한 아버지에게 집에서 닭을 기르는 것이 엄마에게는 행복이었다. 항상 부엌 아궁이 위에 올려 진 무쇠솥 안에는 숭늉이 따뜻하게 놓여져 있었다. 농사일로 집에 사람이 없어도 아버지는 그 따뜻한 물로 입을 적시며 온돌방에서 따뜻이 누워 계실 수 있었다.

 그 날도 엄마는 밭일 뒷설거지로 점심시간을 놓칠 뻔하였지만 급히 달려와 수제비를 끓였다. 채소 농사가 전문인 우리 집이긴 하지만 늦가을에는 별다른 야채가 있는 것도 아니었다. 밀치국물에 밀떡과 파만 보기 좋게 어우러진 수제비였지만 찬 기운이 도는 날 따뜻하게 먹을 수 있고 빠른 시간에 간단히 할 수 있는 것이라 좋았다. 물론 세련되고 맛깔스런 수제비는 아니었다. 중학생이었던 나는 그 짧은 시간에 그렇게 먹음직한 수제비를 상에 올려놓는 엄마가 신기하고 고맙고 놀라웠다. 숨 가쁘게 달려와 '상 차려라' 하고 수제비를 내 놓았을 때 나는 감동했다. 진작 좋아해야할 아버지는 숟가락으로 밀떡을 한번 먹고는 맛이 없다고 투덜투덜하고 숟가락을 내려놓았다. 그러면 엄마는 속히 부엌으로 나가 다른 상을 본다고 없는 찬에 고민할 것이 분명한 것이다. 나도 모르게 엄마 입장을 생각해주고 싶었다. "아버지, 맛없는 수제비가 아닌데요? 저는 맛있어요." "아버지, 제 생각인데요. 오늘 이 수제비가 맛이 없다 해도 아버지는 수제비를 드셔야 해요. 아버지도 아시다시피 몇 년 동안 아버지 병을 간호한다고 엄마가 고생한 것을 다 알고 계시잖아요. 그리고 엄마가 아버지를 위하여 들에서 일하고 이렇게 달려와 아버지에게 따뜻한 음식을 차린 것을 보면 엄마를 사랑하는 마음이 있어야 하잖아요. 엄마를 사랑한다면 혹 이 수제비가 맛이 없다 해도 맛있다고 먹어줄 수 있어야 하지 않나요?" 그 동안의 엄마 고생이 떠올라 엉엉 울고 말았다. 그러자 아버지는 작은 목소리로 나를 달래주셨다.

"순아, 아버지가 잘못했다. 울지 마라 내 먹으마. 이제 먹어보니 맛이 있네. 아까는 너무 뜨거워서 맛을 몰랐네." 그리고는 한 그릇을 비우셨고, 맛있다며 두 그릇을 비우시더니 세 그릇째 드시겠다고 할 때 "아버지, 억지로 많이 드시면 체하신단 말예요." 하고는 아버지의 수제비 그릇을 상 위에서 내려놓았다. 그때 아버지는 "순아, 식으면 맛없다. 어서 먹어라." 버릇없는 딸이 수제비를 먹고 있는 모습을 물끄러미 바라보셨던 것이다. 수제비 한 냄비를 세 사람이 우여곡절 끝에 다 먹고 말았다. 설거지를 하러 부엌으로 나왔다. "너 오늘 큰일 했다. 내 속이 다 시원하더라, 이제 아버지 반찬 투정은 덜할 것 같으니 엄마가 마음이 탁 놓인다." 엄마는 나를 치켜세워 주었다. 아버지께 대들 듯한 이야기가 엄마의 속을 후련하게 할 줄은 몰랐다. 그러나 그때부터 아버지 볼 낯이 없고 걱정이 태산 같았다. 그런데 아버지는 그전보다 나를 두 배로 더 잘 대해 주었고, 미안한 마음에 난 세 배로 아버지에게 더 잘해 드리리라 마음먹었지만 작심삼일이라 그렇게 하지 못했던 것이다.

이제 세월이 흘러 내 손으로 수제비를 해 먹는 날이면 언제나 그 날의 수제비가 생각나 한 번씩 가슴이 미어터질 때가 있다. 자식에게 부모가 잘못했다는 말을 하기가 쉽지 않다는 것은 내가 아이를 키워보니 그랬다. 딸에게 온갖 자존심마저 다 버리고 그 말을 할 수 있는 내가 못 되기 때문일까. 아니면 아버지에게 한 무례한 말이 도리어 내 가슴에 비수로 꽂히어 두고두고 뺄 수 없는 흔적으로 남아 있기 때문일까.

그런 일이 있는 것을 아는지 모르는지 큰딸은 입맛이 짧은데도 수제비는 꼭 두 그릇을 먹는다. 수제비는 늘 먹어도 맛있다고 수제비를 극찬하며 먹는 딸을 보면 아버지가 더욱 생각나 죄스런 마음 달랠 길 없다.

내가 결혼하기 일 주일 전에 아버지는 나에게 결혼하지 말아주기를 간곡히 부탁하였다. 아버지랑 엄마랑 너랑 영원히 함께 살고 싶다던 그 간절함을 뿌리치고 떠나온 것이다. 언제나 야위고 키 큰 노인을 보면 아버지 같아 다가가고 싶고 그런 노인의 뒷모습만 봐도 눈시울이 적셔지곤 하였다. 마음 의지할 곳 없어 결혼하려는 딸을 붙잡고자 했던 늙은 부모를 두고 파랑새를 찾아 떠나온 몰인정한 딸을 이제라도 용서해 주기를 바란다면 위선이 되는 걸까.

다시금 아버지와 수제비를 먹을 수 있는 날은 오지 않으리라. 지금 살아 계신다면 수제비 한 그릇을 정성스레 끓여 드리고 싶다. 아버지와 도란도란 즐겁게 이야기하며 맛나게 먹고 싶다. 밀떡에 감자, 미역, 당근, 호박, 파, 양파를 넣어 끓이고 그 위에 붉은 고추와 푸른 고추 한 조각씩을 올려놓고, 김과 깨소금을 치면 그 맛에 아버지가 반하시기라도 하련만. 세월이 정말 무상할 뿐이다. 그 날의 수제비는 두고두고 내 가슴을 울리는 종소리가 되었다.

비 오는 날은 수제비 생각이 나고 날씨가 쌀쌀하면 따뜻한 수제비를 먹게 되리라. 그때 아버지 생각이 나면 뜨거운 김 사이로 눈물이 흘러내릴 것이다. 보고 싶은 아버지의 얼굴이 어렴풋하게 따뜻한 수제비 그릇 위로 그려질 것이다. 눈물과 수제비가 범벅이 될지라도, 나는 그 수제비 한 그릇을 다 비우게 되리라.

불로고분을 거닐며

　하늘에 구름 한 점 놀지 않는 어느 오월 불로고분을 찾았다. 이름 모를 무덤들조차 움직임이 없는 고요로움에 이십일세기의 오늘이 먼 옛날로 가버린 느낌이다. 대략적으로 삼국이 통일되기 전 한 부족들의 무덤일 거라는 추정만 있을 뿐이란다. 그동안 도굴꾼들이 무덤을 다 파헤쳐서 그런지, 고고학적으로 연구가 부족해서 그런지 그 무덤들의 실체는 아직 미궁에 빠져 있다. 해마다 피고 지는 풀과 들꽃들이 알고 있으리라.
　경주의 고분들은 누구의 묘인지 대개 이름이 있다. 왕릉이 많고 그것에 대한 설명도 붙어져 있다. 불로고분이 한 부족의 무덤이라면 그 부족에 대한 돌비석 하나쯤은 어디라도 세워놓음직한데 그런 흔적이 없다니 참 아리송한 일이다.

몇 년 전까지 거의 방치되다시피 했던 걸 보아왔다. 초등학교 시절부터 본 나도 남의 조상 무덤이거니 했으니까. 그렇다면 천여 년이 넘는 세월을 방치하였는데도 이렇게 있어주었다는 것만으로도 독보적인 고분이 아닌가. 아마도 더 힘 있는 세력이 이 평화로운 불로동 부족을 한순간에 무너뜨린 것이라 본다. 그러면서 뒷일이 두려워 그 흔적을 없애버린 것이 아닐까, 나만의 추측이다.

몹쓸 전염병이 나돌아 그대로 끝이 되었나 싶기도 하고, 왠지 모를 서글픔이 가슴을 맴돌고 있다. 역사란 늘 힘 있는 자의 몫인 양 그들의 역사만이 우뚝 서 있지 않은가. 세상에 나와 지극히 평범하게 살다간 사람들의 이야기도 담아내 줄 역사가 그립다. 이름 나지 않은 소박한 꽃이 사뭇 정겨운 것은 변함이 없는 데 있다. 꽃이 유명하면 값이 더 나가 부담스럽고 자리를 많이 옮겨 다니기도 하여서이다. 너무 흔해 값나가지 않는 촌티 나는 꽃은 언제나 그 들판에, 그 산 속에 잘 어우러져 제 자리를 지키고 있어 보면 반갑고 애틋하다. 모름지기 된사람이라면 잘나고 못나고의 우열을 가려 사람을 선별하는 편견은 없어야 한다. 삶의 진정성에서 보면 차이는 별로 없다고 본다. 우리들의 삶이 대단할 수도 있지만 불로고분에 와서 생각해보면 아무것도 아닌 것이다.

그런 것에 생각이 모이면 불로동고분의 조상들은 참 잘 살다 갔다고 본다. 우리가 이제 와서 고분의 가치를 말하면서 어느 시대

어떤 삶을 살다가 몰락의 길로 갔는지를 알고파 하지만 그들은, "잘 살다 갔으니 우리를 알려고 하지 말라. 너희들도 우리와 같이 다 흔적 없이 사라질 테니 살아 있을 때 잘 살도록 하여라." 하는 무언의 뜻으로 이 오랜 세월을 여기에 있었던 것이다.

불로고분을 걸으면 지난 천여 년 이상의 세월과 마주하는 것 같다. 그때의 사람들이 나와 함께 걸어주며 그들이 이야기해 준다. 불로천에서 여자들은 빨래를 해서 돌 위에 널고, 다른 여자들은 한 무리지어 도동숲으로 약수를 받으러 간다. 남자들은 금호강 가로 물고기를 낚으러 도구를 어깨에 메고 가고 있다. 다른 남자들은 농사를 짓는다고 밭에서 흙을 파고 씨앗을 뿌리고 허리를 펴는 모습이 보인다. 또 팔공산으로 사냥을 하러 가는 남자가 보이고, 노인들은 집에서 작은 짐승을 키우고 집안일을 돕는다. 또 마당에서 여자들은 음식을 하고, 좀 떨어진 뒤뜰에서 아이들은 돌멩이놀이를 한다. 새끼줄을 나무에 묶어놓고 고무줄처럼 놀이를 한다. 이것도 저것도 하지 않는 사람들은 볕 좋은 곳에서 이를 잡는지 서로의 머리를 만져준다. 흙구덩이에 숨으며 숨바꼭질하는 아이도 있고 날아가는 새를 잡겠다고 새총을 쏘기도 한다. 지금의 농촌과 별반 다르지 않은 그들의 생활이 내 눈에 보인다.

그러한 옛날에서 현재로 나를 오게 한 것은 인근 비행장에서 비행기 굉음이 들렸기 때문이다. 이 고요로운 고분 안의 영혼들은 오랫동안 비행기 소음으로 찌들어 이미 숨어버렸을지 모르겠다. 나만이 그들을 만난 것처럼 생각을 모으는 것이 부끄럽기도 하다. 이미 풀과 꽃들은 말했는지 모른다 우리들에게, 살고 진 이 고분 속 사람들의 역사를. 우리들이 무관심하고 그리워하지 않았던 그 천여 년의 세월이 지난 뒤에야 그때의 이야기를 알게 해줄지도 모를 일이다.

그 당시의 삶의 조건으로도 충분히 풍요로운 삶을 살았음직한 불로고분의 사람들에게 난 안부를 전한다. 지금도 충분히 살기 좋은 터전이며 오래토록 머물러 있어도 좋을 언덕이며 동산이므로 떠나지 말고 있어달라는 부탁도 해본다.

가을 청명한 날에 여기 다시 찾아오리라. 천여 년 전의 숨결이 있었던 곳을 어찌 오늘 하루로 이야기를 다 나눌 수 있겠는가. 두고두고 찾아와 거닐어보며 숨은 이야기 들어보리라.

스님이 된 친구

　비오는 유월 첫 월요일, 어린 시절의 친구가 가야산 조그만 산사의 주지스님이 되어 있다길래 만나러 갔다. 그런 소식을 징검다리해준 친구 말로는 스님이 내 소식을 듣고 나를 보고 싶어 했다는 것이다. 뿌려지는 빗줄기는 다른 친구들을 만나러 가는 느낌과는 달리 왠지 서늘한 기운을 더욱 돋우어주었다. 셋이서 가다가 친구의 친구를 한 명 더 태웠다. 난 처음 가는 길이라 잘 모르나 성주 참외단지 부근인지 참외가 길가에 늘려져 있었다. 우리는 차를 멈추었다.
　부처님께 올릴 참외는 크고 통통한 걸로 고르고, 셋이서 나눌 참외는 수더분한 걸로 사서 세 봉지로 나눠 담았다. 입에는 어느새 참외 하나씩 물고 다시 차를 출발시켰다. 참외는 달고 맛있었다.

가야산 가는 길목의 정취는 황홀하였다. 언제 우리가 결혼했던가 싶을 만큼 이야기꽃을 피웠다. 오늘 비가 와서 참새가 숲으로 숨었으니 망정이지 만일 참새가 우리와 마주쳤다면 기가 죽어 다시는 여자 셋 이상 모인 곳은 얼씬하지 않았을 것만 같았다. 그렇게 재잘거리며 산사를 찾아가는 중이었다. 산사가 가까울수록 난 차츰 말을 줄였다. 잠이 온다는 핑계로 눈을 감고 곧 만나게 될 친구와의 어린 시절을 떠올려 보았다.

　우리는 꼭 단짝친구랄 수는 없어도 친한 친구였다. 그 당시 우리 동네는 대구 시내긴 해도 수도가 없어 펌프질로 물을 퍼 올려 밥을 짓곤 했다. 머리를 감거나 빨래를 할 때는 빗물이나 강물을 길어다가 사용하였다. 펌프시설이 없는 집은 우리 집 물을 길어다 먹었다. 친구집도 우리 집 물을 길어가곤 하여 식구들끼리도 친하였다.

　내게는 어린 동생이 없어 친구의 여동생과 남동생을 업고 잘 놀아 주었다. 나는 인형을 업고 놀듯이 아이를 업었다. 한 번은 엉덩이 밑으로 내려오는 아이를 힘껏 받쳐 업다가 아이를 떨어뜨려 이마와 머리에 혹불이 나게 한 적도 있었다. 내가 아이 업고 있는 것이 오빠들에게는 창피한 모양이었다. 오빠 친구들이 놀리는 것도 그렇고 시간이 남아 할 일이 없으니 남의 아이나 본다고도 하였다. 하나밖에 없는 여동생이 이렇게 속을 썩일 줄 몰랐다며 하루 빽빽하게 다섯 가지나 되는 과제를 주기도 했다. 개 밥 주기, 돼지 밥 주기, 염소 풀 뜯어 놓기, 닭 모이 주고 주변 정리하기, 학교 숙제 다 해놓을 것. 이 양은 식은 죽 먹긴데 오빠들 생각으로는 나에게 엄청 많은 양이라고 생각했던지 몇 번 검사를 하면 다했으므로 아이를 업고 놀아도 간섭하지 않았다. 그 이후로는 마음껏 친구 동생을 업고 공기도 하였다. 친구는 늘 나보다 더 잘했다. 나만 바쁜 몸이었지만 난 그냥 좋았다.

자두가 나오기 시작하는 여름에는 손수레나 소달구지에 자두를 가득 싣고 언덕을 넘어오던 아저씨가 힘에 부치면 우리들에게 밀어주기를 부탁하는 일이 종종 있었다. 처음엔 "애들아, 고마워." 하는 칭찬이 좋아서 밀었다. 그러나 그 수고를 자두 몇 개씩 주는 어른들이 있고부터 열심히 밀어 주었는데 그 보상이 말뿐이었을 때를 대비하게 되었다. 어느 날 둘은 손수레를 밀어 달라는 부탁을 듣고 미리 까만 팬티 밑 고무줄 부분에 자두 하나씩 돌돌 말아 숨겨두고 계속 손수레를 밀었다. 언덕을 넘자 아저씨가 밀어주어 고맙다고 자두 두 개씩을 우리에게 주었다. "고맙습니다." 하고 두 손을 쭉 내미는 순간 까만 팬티 고무줄에 돌돌 말린 자두가 우두둑 떨어져 나오는 게 아닌가. 너무도 당황하여 숨을 곳도 못 찾고 어쩔 줄 몰라 했다. 아저씨는 마음이 참으로 깊은 사람이었다. 데굴데굴 언덕 밑으로 굴러가는 자두와 우리 둘 표정을 번갈아 보다가 배꼽을 잡고 웃었다. 우리도 덩달아 아저씨와 마주보며 깔깔 웃었다. 그러는 도중에 남은 자두 하나가 또 팬티에서 떨어져 데굴데굴 굴러갔다. 그칠 듯한 웃음소리가 다시 까르르 계속 되었다. 한참 후 아저씨는 "자두 맛있게 먹어."하는 한 마디를 남기고 바삐 길을 재촉해 갔고, 우린 떨어져 나간 자두까지 주워 강가로 가 앉았다. 다신 이런 일 하지 말자고 다짐하고 자두는 맛있게 먹었다.

　그 친구랑은 강가에서 벌거벗은 채 멱을 같이 했던 사이이기도 했다. 큰비가 와서 강물이 불어 강폭이 넓어져도 "야, 한 번 가볼래." 하면 같이 개헤엄쳐서 강물살을 타고 건넜다. 가다가 얼마나 깊은 가를 우리들의 키로 재어보며 수심을 말하기도 하면서 우리들끼리 무언의 과시를 보이기도 하였다.

　친구와 헤어진 지 삼십 년 정도 되었고 그녀가 스님이 되었다니 여간 궁금하지 않았다. 콧등이 찡하게 울렸다. 점심은 산사 들어가기 전 양푼이비빔밥에 비지찌개로 해결하였다. 하나도 남김없이 먹었다. 맛이 있어서도 다 먹었지만 음식을 버리면 벌 받는 거라고 단골 단서를 내놓고 아낌없이 잘 먹었다.

　자, 이제 친구와 통화도 되었다. 차는 급하게 산사로 향했다. 반가워하는 스님을 달려가 만났다. 스님은 웃었고 나는 울먹였다. 옆에 있는 친구가 준 손수건으로 내가 눈물을 닦는데도 스님은 방긋방긋, 더 이상 눈물이 나오지 않았다. 포옹이 끝나고 스님의 첫 마디는 너의 얼굴이 하나도 변하지 않아 단번에 알아보겠다고 했다. 너랑은 어릴 적부터 허물없는 친구지하며 스님이 머무른다는 방으로 데리고 갔다. 부처님께 인사하러 가는 불교 신자 친구도 있고, 참외를 깎아 먹을 준비를 하는 천주교 신자도 있었다. 그 사이 스님과 난 옛날이야기를 이어갔다. 어릴 때에 스님들에게 내가 더 머리도 많이 쓰다듬을 받았고 합장 인사도 많이 받았는데 딴 사람이 스님 되었네. 스님은 또 웃기만 했다.

당시 우리 집을 지나던 많은 스님들이 우리 집에 와서 물 한 모금으로 목을 축여 간 적이 많았다. 그럴 때마다 부리나케 나와 물을 건넨 사람이 나였으므로 머리를 쓰다듬어 주고, 합장 인사도 하고, 덕담도 던져주고 간 일이 많았기 때문이다. 스님의 인사가 좀 길어지면 엄마는 표정이 좋지 않았다. 지금 생각해보니 너무 정들면 딸이 스님 될 것 같아 머리를 너무 쓰다듬으면 아이가 키 안 큰다고 했던 것 같다.

부처님을 뵙고 온 친구들과 참외를 먹고 나자 스님은 비도 내리니 인근 황토방으로 가자고 했다. 몸을 데우면 좋을 것 같다고 나서는 친구들을 따라 걷다가 다른 친구 몰래 스님에게 물어보았다. 행복하냐고 심문하듯 물어보는 내 질문에 스님은 웃으면 말했다.

"행복해."

헤어진다는 것은 서러운 것, 또 눈물이 나려는데 스님은 방긋방긋. 도통 알 수 없는 스님의 웃음 속으로 내가 끌려가고 있는 느낌이었다. 서로 포옹하고 아쉬운 여운을 남기는데, 스님은 내 등을 쓰다듬어 내렸고 다음에 또 오라고 손을 잡았다가 놓고 또 잡았다가 놓기를 여러 번 하였다.

차에 몸을 실은 우리들은 산사를 내려오기 시작하였다. 차는 사정없이 미끄러지듯 내달렸다. 저 멀리서 손을 흔들며 서 있는 스님의 얼굴 앞으로 빗줄기는 가늘게 가늘게 내려 주었다. 내 가슴엔 미묘한 진동이 일었고, 그 누구도 알 수 없는 인생의 여정에 흐느끼고 말았다.

토마토와 청년

　칠월의 뙤약볕이 토마토를 빨갛게 익어가게 하는 어느 여름날이었다. 노지 토마토가 거의 중반을 넘어 삼단을 따고, 사단에서 한창 자신을 뽐내며 마지막 오단을 준비하면 제 생명줄을 농부에게 내주어야 한다. 그런 날들을 모르는 채 푸른 몸을 붉게 익히고 있는 토마토는 여름이 절정이다.
　중학교 때의 일요일이었던 것 같다. 전날 토마토를 장거리 해 다음날 새벽에 내다 팔아야 한다. 더운 날씨에는 시간을 다투며 익어간다. 밤새 익은 토마토를 아침나절부터 따야만 했다. 그리고 토마토를 누군가 장난으로 따먹거나 밭을 망칠까봐 이른 아침부터 망을 보러 한 사람이 있어야 했다. 그날 당번은 나였다.
　탱자나무 울타리가 붉은 토마토 밭을 은근하게 가려주긴 하지만 울타리보다 높게 올라가는 토마토 줄기를 다 가려주지는 못했다.

그래서인지 아버지의 경험으로 나를 보낸 것은 토마토 밭을 다치지 않게 지키려 했던 까닭이다. 때로는 토마토 서리를 하거나, 때로는 참비름 뜯는 아낙네들이 나물 뜯기보다 토마토를 따서 숨기고 나오는 일이 많았으므로 누군가가 지킴이가 되어 주어야만 했다. 토마토 꼭지를 가위로 잘라야 가지가 다치지 않는데 마구잡이 떼다시피 하면 가지가 말라 토마토가 열리지 않고 실한 줄기가 죽기까지 하였다.

강한 햇살에 얼굴이 탄다고 사춘기 시절부터 밭일을 꺼리는 친구들과 달리 나는 늘 밭으로 불려 다녔다. 마음은 가기 싫지만 집안 형편상 꾀병 부릴 수도 없었다. 스스로 마음을 달래고 밀짚모자를 쓰고 콧노래를 부르며 신나는 듯 집을 나왔다. 철길도 건너 탱자나무 울타리 안을 뜀박질로 달려왔다. 어떤 한 청년이 허리를 숙이고 엎드려 토마토를 따 먹고 있는 것이 아닌가. "거기 뭐 하세요?"라는 말도 할 수 없을 만큼 청년이 먹는 속도는 그저 훔쳐 먹는 그런 사람들의 모습과는 달랐다. 뒤에서 봐도 여간 허기에 찬 동작이 아니었다. 얼마나 지났을까. 청년은 허리를 펴고 마지막 토마토 꼭지를 버리고서야 일어나더니 뒤를 돌아보았다. 그 청년과 나는 눈이 마주쳤다. 청년은 밭을 지키러 온 여자아이를 얕볼 수도 있었건만 토마토 묻은 입가를 손으로 닦으며 겸연쩍게 말을 건넸다. "학생, 내가 너무 배가 고파 토마토를 따 먹었어. 고향은 여수인데 직장을 구하려고 대구를 왔지만 일자리를 찾지 못했어. 돈이 떨어져 잠은 강둑에서 잤고 며칠을 굶었는데 배가 고파 그만 토마토를 따 먹었어. 남의 것을 먹으면 안 되는데……. 일자리 찾아 돈 벌면 꼭 갚으러 올게. 좀 봐 줘."

눈 마주친 그대로 눈동자를 다른 곳에 돌리지도 못하고 그냥 바라보며 말했다. 조금은 놀라고 떨린 목소리로 "예, 그냥 가세요." "고마워, 꼭 올게." 고개를 떨구며 내 옆으로 지나가는 청년이 몹시도 안 되어 보였다. 처량해 보였어도 선한 인상이었다. 내게 오빠로 보이는 청년은 스무 살 정도로 셋째 오빠와 비슷해 보였다.

빨간 티셔츠가 얼마나 오래 입었던지 바래어 허름하였고 베이지색 바지는 원래 무슨 색이었는지 알 길이 없었다. 그 삶의 고달픔이 작은 가슴으로 파고들었다.

청년의 뒷모습을 볼 수가 없어 숨을 고르고 있다가 뒤돌아보았을 때 청년은 멀리 걸어가고 있었다. 곧 아버지의 모습이 울타리 너머 보였다. 무슨 일이 없었냐고 물으셨지만 아무 일 없다고 말을 흐려버렸다. 얼른 흩어져 떨어진 토마토 꼭지를 발로 비비고 밟아 흙으로 덮어 흔적을 없앴다. 아직도 쓸쓸히 걸어가던 청년의 뒷모습이 아련하고 애잔하다.

그날 한참 토마토를 따다가 아버지에게 어떤 한 청년이 우리 밭에 와서 토마토를 먹고 갔노라고 이야기를 꺼냈다. "잘 보냈네. 배가 얼마나 고팠으면…… 쯧쯧. 객지생활이 그리 만만한가. 일자리나 빨리 찾았으면 좋으련만."

토마토 농사는 한 해의 시작과 더불어 씨앗을 부풀려 싹틔워 온실서 모종을 키워내고 사월 말이나 오월에 밭에 낸다. 사월에는 꽃들의 시샘에 날씨가 변덕스러우면 여린 것들이 밤기운에 얼까 봐 비닐로 덮어주고 낮엔 걷어내기를 반복한다. 그러다 성큼 여름이 오면 비닐도 다 벗어던지고 오직 마른장대를 타고 커 올라가게 한다.

흔히들 농사일을 자식 키우는 것과 비교하기도 한다. 결실의 기쁨이 있기 때문이리라. 수확은 농부로서는 여간 대견한 일이 아니다. 토마토 농사를 짓는 사람들 대부분은 인물 좋은 것은 평생 먹어보지 못하고 가지에 눌려 모양이 안 좋은 것과 약간 검게 썩은 것을 먹기 일쑤다. 잘 키운 자식 길러 멀리 시집보내는 심정으로 내다 팔았다.

그 청년도 부모에게 그간의 노고에 보답하고자 객지로 직장을 얻으러 나왔을 것이다. 부모의 만류도 뿌리치고 낯선 곳으로 오면서 두려움도 있었겠지만 스무 살의 결실을 보여드리려고 험난한 삶의 여정을 나선 것이라 여겨진다.

그 이후 토마토를 보거나 먹거나 할 때에 그 청년이 가끔 떠오르곤 했다. 그 무렵에 어디서 지내는지 직장은 구했는지 궁금하기조차 하였다. 그로부터 삼십여 년이 지난 지금 그 밭에는 집들이 들어서 있다. 그래서 그 청년을 못 만나는 것일까. 아니면 아직 직장을 못 얻어 못 오는 것일까.

이따금 그 청년이 직장을 얻어 부모에게 자신의 결실을 잘 익은 붉은 토마토처럼 보여주었을 것이라 생각하며 웃곤 한다. 그날 그 청년의 손에 비닐봉지 하나만큼이라도 가득 토마토를 따서 쥐어주지 못한 것이 후회된다.

양푼이비빔밥

　채소농사만 전문으로 하는 농가의 딸은 언제나 풍성한 채소 반찬이 있어 좋았다. 일월이면 토마토, 오이, 고추 씨앗들을 싹 틔우기 위해 아버진 미지근한 물바가지에 씨앗을 담가두었다가 광목천에 돌돌 씨앗을 말아 따뜻한 작은 이불 밑에 며칠을 두면서 가끔 들여다보셨다. 그 어느 날에는 땅을 깊이 파고 온상을 만들어 그곳에 뿌리셨다.

　추운 한겨울 바람을 막아내기 위해 양지바른 밭에 나무기둥을 세우고, 짚으로 엮어낸 가마니 천을 여러 겹 달아서 온상의 씨앗이 얼지 않도록 바람막이 벽을 만드시는 데 온 정성을 다하셨다. 겨울 내내 골방에서 짚으로 새끼를 꼬아 이리 엮고 저리 엮어 만든 아버지의 손길이 훤히 보이던 그 가마니 천 사이로 강풍은 감히 얼씬하지 못하리라고 어린 딸은 생각했다.

온 가족이 온상에 쓰일 비닐 문짝을 만드느라고 분주한 일월, 집 마당은 문짝 졸대로 쓰이던 칡넝쿨이 이리저리 뒹굴었다. 그 추운 날씨에도 토마토, 오이, 고추 모종들은 비쭉이 입 내미는 아이들처럼 그렇게 싹이 나오기 시작했다.

인근 보리밭에 종달새가 날기 시작하면서 봄이 출렁이기 시작하였다. 어린 모종들은 세 번 정도 옮겨심기를 해 주어야 잘 자랐다. 아주 보드라운 흙에서 점점 굵은 흙으로, 흙 밑에는 씨앗들이 좋은 싹을 틔울 수 있도록 기름진 거름을 뿌려놓고, 배수와 보온을 위해서 짚을 깔아 놓았다.

이 작은 씨앗이 그 본래의 모양으로 왕성하게 자라 수확의 기쁨을 자신에게 돌려주기를 바라지 않는 농부가 없듯이 아버지의 마음도 그러하셨다. 주작물인 토마토, 오이, 고추가 우리 집의 경제를 뒷받침해주는 것이기는 하지만 가을에는 배추와 무도 있었고, 빈 공간 또는 모퉁이 땅에는 우리 집의 밥상을 풍성하게 할 채소들이 심어져 있었다. 생선과 육류를 제외하고는 거의 집에서 거둬들이는 농작물로 찬을 마련하였다.

그러다 보니 우리 집 밥상은 언제나 채소밭을 옮겨다 놓은 작은 밭이었다. 늘 똑같은 재료로 반찬을 하면 우리들이 식상할까봐 엄마는 변화 있게 요리해 주려고 애를 쓰셨다. 밭에 일꾼이 많은 날은 큰 무쇠솥에 국을 끓여 내놓아도 동이 나기 일쑤였고, 그 많은 항아리의 된장과 간장, 김치들은 언제 우리 입을 통해 다 먹었는지 어린 눈에도 신기하기만 했다.

난 엄마의 아침식사 준비 시간이면 늘 함께 나가 부엌에서 마당으로, 병아리가 어미 따라 다니듯 따라 다니며 조잘조잘, 잔일을 거들어주면서 엄마가 만든 된장국과 나물 반찬을 제일 먼저 맛보며 맛있다고 코맹맹이 소리로 응해 주길 좋아했다.

추운 날이면 방에 좀 누워 있다가 나오라고 엄마가 말해도 아궁이에서 불장난을 할지라도 엄마 옆을 뱅뱅 돌면서 재잘재잘 이야기해 주곤 했다. "엄마, 나 팔 원 모았으니 십 원이랑 바꾸자." 하는 시간도 이때였고, "이번 설날에는 엄마, 나 뭐 사줄 건데." 하고 미리 다짐 받아놓는 것도 이때였다.

엄마와 나는 양푼이에 서너 가지 나물을 밥 위에 얹고 된장국을 끼얹어 비빈 후 함께 먹기를 정말 좋아했다. 초여름부터는 툇마루로 밥상을 옮겨 먹기도 하고, 아니면 방 안에서 방문을 활짝 열어놓고 먹었다. 양푼이에다 밥을 먹을 때면 엄마는 마지막 대여섯 숟가락이 남을 성싶으면 딸에게 "남김없이 먹어라." 하시고는 숭늉을 가지러 가거나 설거지 준비를 한다시며 일어서곤 하셨다. 그럴 때마다 "엄마 같이 더 먹자." 하면 언제나 많이 먹었다, 배가 부르다고 먼저 자리를 떠시거나 내가 다 먹기를 기다려 주셨다. 알루미늄 양푼이가 스텐 양푼이로 그릇이 바뀌어도 엄마와 나와의 그 비빔밥 행진은 계속되었다.

　우리 집 근처에는 고아원이 있었다. 그 아이들과 같이 초등학교를 다녔다. 그들에게 색칠공부 그림책을 몇 번이나 선물 받아 색칠을 해본 적이 있다. 어려운 그 시절 외국에서 고아들을 위해 보낸 귀한 외제 공책이라서 그런지 몰라도 그림도 환상적이고 윤기 나는 종이는 칠도 예쁘게 잘 되었다. 아직까지 그렇게 멋진 것은 본 적이 없다. 지금 생각해보면 넉넉한 부분이 많지 않은 친구들이 나에게 그 색칠공부 그림책을 줄 수 있었던 마음이 너무 고마울 뿐이다.

　그곳의 친구 J는 엄마와 내가 함께 양푼이비빔밥을 먹는 모습을 담 너머로 몰래 훔쳐본 일이 많았다고 한다. 그 모습을 보고 '꼭 저 양푼이비빔밥을 한 번 먹어봐야지.' 하고 부러워했는데 열여섯 살쯤이었는지 확실치는 않지만 그때서야 내게 고백해 왔다.

　나는 곧 우리 집으로 친구를 오게 했다. 부모님께는 요런 저런 이야기를 다 해주며 엄마에게 비빔밥 준비를 부탁했더니 밭에서 제일 싱싱한 채소를 뽑아 생으로 할 것은 깨끗이 씻어 물기를 털고, 다른 채소 몇 가지는 뜨거운 물에 데쳐 무치고, 볶고. 된장국도 더 정성을 들여 끓여 부뚜막에 올려두고 여러 찬들과 양푼이를 준비해 놓은 뒤, 우리들이 편하게 먹도록 자리를 피해 주셨다.

친구와 난 참기름과 깨소금을 듬뿍 넣고 쳐서 여러 나물과 비벼 된장국과 맛있게 먹었다. 친구는 끝까지 "맛있다, 참 맛있다." 하고 연신 말꼬리를 달면서 먹었다. 나는 밥이 대여섯 숟가락쯤 남았을 때 친구에게 배가 불러 못 먹겠다 하고 친구가 다 먹을 때까지 옆에서 애교를 부리며 앉아있어 주었다. 친구는 발갛게 익은 얼굴로 우리 집 대문을 나섰고 "고맙다, 맛있었다." 하면서 이 비빔밥을 영원히 잊지 못할 것이라면서 내 손을 잡고 흔들었다.

시간이 흘러 우리들은 반백을 넘긴 나이가 되었다. 건강을 위한다고 채식을 좋아하는 사람들도 늘고 있다. 이 나이가 되면 신토불이 음식이 입맛을 당긴다. 싱싱한 채소를 생으로 먹기도 하고 비빔밥으로도 먹고, 샐러드나 생나물로 무쳐 먹기도 한다. 그 많은 채식 반찬 중에 으뜸이 비빔밥이 아닐까 한다. 굳이 영양을 보충하고자 하면 소고기를 약간 볶아 얹기도 하고, 계란 후라이 하나 부쳐 밥 위에 척 놓으면 진수성찬도 부럽지 않은 것이다.

그렇게 양푼이비빔밥을 맛있게 먹어준 친구가 대문을 나서던 붉은 얼굴이 떠올랐다. 그녀는 그때의 비빔밥을 생각하면서 자신이 직접 만든 비빔밥을 자주 밥상에 올려놓지 않을까. 가끔 비빔밥을 해 먹으면 친구 J의 소식이 궁금해진다.

목도리

오월은 신록의 달이라 했던가. 나무가 푸르름을 더해가는 이즘에 붙박이장 정리를 하게 되었다. 짧은 팔 옷을 꺼내 놓고 긴 팔 옷은 넣어 놓는다. 한지 박스를 꺼내 스카프를 다시 곱게 정리해 본다. 그러다 문득 내게 있어 최초의 스카프 선물이 엄마가 사준 목도리였다는 걸 알게 되었다. 백 프로 나일론 천이었지만 지금 하고 다녀도 그리 촌스럽지 않을 것 같다.

아직 서랍 한켠에 자리 잡고 있는 그 목도리를 꺼내봤다. 빨간색과 고동색, 노란색의 줄무늬가 선명한 목도리다. 초등학교 오학년부터 결혼 전까지 겨울이면 매고 다녔다. 목이 따뜻해야 감기 걸리지 않는다며 목에 둘둘 감아주셨던 엄마. 엄마 것도 나랑 똑같은 걸로 샀고 색깔만 달랐다. 엄마는 고동색과 검정, 노란색이 줄줄로

된 것이었다. 결혼하면서 이 물건은 챙겨 오지 않았는데 어머니가 어느 날 나의 집에 오면서 처녀시절 마지막 추억을 주는 것처럼 건네주셨다. 표정이 묘한 것을 알 수 있었다. 새로 장만한 신접살림만 갖고 올 줄 알았지 엄마의 사랑이 담긴 이 목도리를 챙기지 않은 것이다. 딸의 물건이고 오래된 거라 버릴 수도 있었건만 갖다 주신 걸로 봐서 오래 간직하라는 의미도 있는 듯했다. 시집오면서 가져오는 것을 등한시한 게 좀 마음에 걸렸다. 딸이 결혼하여 집을 챙겨 나간 뒤, 허전한 마음에 딸의 흔적을 찾았을 엄마의 마음도 이해하지 못한 내가 참 철이 없었다고 본다. 어느 때는 목도리를 한 번 해 보기도 했지만 새로운 스카프가 선물로 들어오고 내가 가끔 사기도 하면서 이 목도리는 점점 서랍장을 지키는 물건으로 되어 버렸다.

 어린 시절 찬바람이 불고 강물도 꽁꽁 얼면 바람 하나 안 들어오는 이 목도리를 하고 나간다. 갑갑하지도 않고 따뜻했다. 목만 둘렀던 게 아니다. 머리를 감싸고 고무줄놀이도 하고 썰매를 타며 겨울을 누볐던 것이다.

 겨울나는 필수품인 목도리를 그냥 친정에 두고 와 엄마에게 서운함을 주었으니 그 미안한 마음에 지금도 목도리를 갖고 있는지도 모른다. 엄마가 나에게 건네줄 때에 그 섭섭한 표정, 무어라고 할 수 없는 그런 표정을 읽었으니까.

엄마는 나와 색이 다른 목도리를 하고 다녔는데 엄마에게 잘 어울렸다. 엄마는 나보다 예쁘고 키도 작은 편이 아니라 옷을 입으면 태가 났다. 한 번씩 시장에서 옷을 사 입고 오면 멋져 보였다. 딸은 이제 그때의 엄마 나이보다 더 먹었다. 요즘은 살기 좋아 예순 살이 되어도 옛날의 마흔보다 젊게 사는 것 같다. 인간 수명 백세시대라고 하니 좋은 세상이랄 수 있다.

하지만 우리 엄마 세대들은 일제시대를 거치고 육이오 난리도 겪고 참으로 힘든 시대에 살았다. 솔직히 호강 한번 못해보고 산 것이 억울할지도 모르겠다. 풍족한 시대에 사는 우리는 밥하기 싫다고 외식하고, 세탁기가 빨래를 책임지고, 전기밥솥으로 밥하고, 청소기는 집을 깨끗이 해 주고, 볼일은 승용차로 운전하며 과히 여성들을 위한 서비스가 대단한 세상이 되었다.

그렇게 마음껏 누리지 못한 엄마를 생각하면 참 가슴이 애틋해진다. 같은 여자로서 미안한 생각도 든다. 시대를 잘못 만나 고생 죽도록 한 엄마가 가엾기도 했다.

목도리를 매만지며 엄마를 그리게 될 줄이야. 그리운 엄마를 내 가슴에서 지울 수 없도록 되새겨주는 역할을 이 목도리가 해준다. 아이들에게도 외할머니가 사준 거라고 말했더니 한 번씩 목에 매어 보았다.

목을 따뜻하게 해 주기도 했지만 지금은 내 마음을 더 따뜻하게 해주는 목도리이다. 이 목도리에서 엄마를 찾아볼 것이기에 언제까지나 간직할 것이다. 엄마가 주었던 사랑에 행복했고 엄마가 안 계셔도 엄마를 찾아 볼 수 있는 목도리가 있어 행복하다.

봉무공원

　가끔씩 봉무공원을 찾는다. 예전엔 단산못이란 이름의 저수지였다. 초등학교 때 자주 소풍 왔던 곳이다. 어느 소나무 밑에서 치마를 가린 채 실례를 하기도 한 단골 소풍 장소였다. 봉무공원보다 단산못이 내게는 더 정겨운 이름이다.
　이 못은 수심이 깊었다. 여름방학이 끝나면 꼭 한 명은 하늘나라로 갔던, 그래서 개학식 날 죽은 친구를 위해 묵념을 하고 슬퍼했던 기억이 난다. 초등학교 졸업 후는 단산못을 보러 온 적이 없었다. 그 이후 오랫동안 잊고 있었는데 타향생활 이십여 년을 털고 다시 대구로 왔을 때 사람들이 봉무공원이라고 부르고 있었다.
　이곳은 못 둘레에 길이 있어 산책하기 좋은 곳이라 사람들이 많이 와 거닐곤 했다. 위로는 만보 산책로가 있어 숲과 물과 공기와 어우러진 이곳을 자주 찾아오길 좋아했다. 그래서인지 주말에 주차 공간은 늘 만차여서 먼곳에 차를 두고 온 적도 많았다.

단산못에서 요트 경기를 하는 사람도 하나의 풍경이었다. 도심의 피로는 여기서 풀어야 할 것 같은 유혹이 늘 나를 여기로 오게 했다. 봄에는 나비 생태공원에 아이들이 찾아오고, 찔레꽃 하얗게 핀 산책로는 마음도 환하게 하는 것 같았다. 못 둑에는 들꽃들이 질서 없는 듯하나 그들만의 질서로 피었다 지고, 또 다른 꽃들이 피고 지고. 사람들이 손을 대지 않아도 들꽃은 때가 되면 꽃을 피웠다. 자연의 질서가 얼마나 아름다운가를 새삼 느꼈다. 흐린 날이나 비오는 날은 낮 시간에도 피어있는 나팔꽃을 보기도 한다. 나팔꽃을 좋아하지만 옆 식물들을 목 조르는 것 같은 느낌이 들면 저렇게 꼭 살아야 하나 싶어 마음에 안 들 때도 있다.

단산못 가를 거닐면서 이런 생각을 자주한다. 내가 걸어온 온 삶의 길은 정말 괜찮은 길이었을까. 아직 얼마나 더 힘든 길을 걸어가야만 하는 걸까. 어디로 가야 좋을지. 내가 나에게 물어본다.

숲에서 솔향기가 마치 내 몸 안의 탁하고 좋지 않은 독소를 다 뱉어내야 하는 것처럼 숨을 들이켜서 내뿜는다. 나만 건강하자고 이기적 행동을 취한 것이 아닌가 하여 못내 부끄럽기도 하다. 언제부터인가 웰빙과 힐링이 우리들의 생활에 밀착되어 흔하게 쓰이는 말이 되었다. 모든 것은 마음먹기 달렸다는데 그 마음 다스리기가 정말 힘드는가 보다. 이렇게 봉무공원을 거닐면서 나만의 명상을 하다보면 차분해진다.

　억눌린 일들을 여기서 들어 올리며 차근차근 일의 원인과 과정, 결과를 생각해보았다. 어떤 일에 조금만 중심을 넘어 버리면 서로에게 아픔이 되기 쉽다는 것도 알았다. 참으로 힘든 것이 인간관계이다. 남을 어떻게 배려해야 좋을까. 상대에 맞는 배려가 있어야 하는데 내 짧은 견해로서는 진정 남을 위한 배려의 그 적절한 크기와 각도, 깊이를 찾아내는 데 심히 어렵더라는 이야기이다. 어떤 사람은 쉽게 친화적일 수 있으나 어떤 사람은 배려가 자기를 모독하는 것처럼 받아들이니 말이다. 정말이지 진정한 배려란 쉬운 것이 아니었다. 생각을 모아 보았다. 배려란 내가 상대를 위해 해줄 수 있는 약간의 태도, 격려, 사랑일 뿐이지 그를 위한 전부가 되는 것은 아니라는 것이다. 상대에게 휘말려 들어가서도 안 되는 것이다. 넘치지도 부족하지도 않는 그 선을 유지하는 관계를 위해서 부단히 노력하지 않으면 사람관계는 금이 갈 수 있음도 알았다. 우린 아는 사람들을 다 만나고 이끌고 따라 갈 수는 없다.

　어떤 사람은 이십대까지, 어떤 사람은 어제까지, 또 어떤 사람은 모레까지 등등 상대와 관계를 엮어가고 끝내는 그 시점은 분명히 있었다. 내 곁의 한 사람을 일부러 도려내지 않아도 저절로 끝이 되는 일도 많았다. 이사, 모임 등 자의가 아니더라도 타의에 의해 관계가 없어지고 점점 소원해지기도 했다. 언제 끝이 날지 생각 안 해도 되는 경우도 있지만 너무 괘씸해서 내 선에서 상대의 배려 없이 단칼에 자르기도 했다. 그럴 때는 억울하다고 하소연도 했다.

난 처음 사람을 만나면 최선을 다하여 사귄다. 웬만한 일도 잘 참는다. 그러나 이것이 아니다 싶으면 냉정하다. 몇 날, 몇 번을 생각하고 생각해서 결단을 내린다. 마지막까지 웃으며 상대를 파악하고 내가 선을 긋는데 맞는지 맞지 않는지 고민고민한다. 그럼에도 불구하고 지나보면 후회되는 일도 많았다. 오해도 있었다. 언제까지나 상대에게 배려할 수만도 없다. 상대는 나에게 배려하는 것을 전혀 생각하고 있지 않기 때문에 오는 이 생각의 차이를 극복하는 것이 무지 힘든 것이다. 그렇다고 내 생각을 죄다 말했다가는 원수가 되기 십상이다. 사람과 사귀다 맞지 않으면 자연히 조금씩 만남이 멀어지고 결국은 남이 되는 것을 경험했다.

서로 사귀고 있을 때 잘 다독이며 관계를 유지하도록 최선을 다해도 그 관계가 오래가기는 쉽지 않았다. 단산못의 수심이 깊다고 하나 들어가 봐야 어느 정도인지 알 것 같은 생각이 들었다.

봉무공원을 거닌다. 좀 찬찬해진 마음으로 숲을 본다. 마음속의 응어리가 어느새 풀리고 발길은 가볍다. 걷다가 쉬고 또 걸으며 내 삶을 매만져가며 그렇게 살 수밖에.

마음에서 자유로워지기를

담양 창평 슬로시티에서 | 백담사에서 본 세 가지 풍경 | 사랑의 절벽 | 청남대의 천사나팔꽃 | 고목이 된 은행나무 | 야류 해변가의 풍경 | 둘이라는 공통분모 | 강 저편에는 | 바투동굴의 전설

담양 창평 슬로시티에서

담양에서 조금 떨어진 창평에는 슬로시티라는 마을이 있다. 새로 만든 도시가 아닌 예전에 있었던 마을의 이야기가 있는 곳이다. 우리들의 일상이 빠르게 전개되면 될수록 놓치는 많은 일들이 결국엔 우리를 과거로 끌어들이는 어떤 본성이 작용하는 것이라고 여겼던 까닭에, 옛날 우리들의 삶의 이야기가 고스란히 관광으로 이어져 매력이 더해지는 곳이다. 한국사람뿐만 아니라 외국인들도 많이 찾아오고 있단다.

슬로시티에서는 시멘트 문화 속에서 아우성치는 현대인들의 몸부림을 볼 수 있었다. 돌담길, 기와집, 장독대, 작은 연못, 장승, 우물, 그야말로 삼십 년에서 오십 년을 거슬러 올라간 그 시간대에 나를 머물게 하였다. 내 동네 같은 이곳에서 고달픈 삶의 무게를 내려놓고 싶은 아늑함이 있었다. 슬로시티는 옛날 고향 같은 마을을 재현하였지만 글로벌 시대라는 세계적 흐름에 걸맞게 순 한글 대신 외래어로 이름 지었다는 것이 흠으로 보일 수 있었다. 꽃길, 돌담 위에 늘어져 핀 능소화, 맷돌, 다듬잇돌, 고목, 물레방아, 대청마루, 굴뚝을 보면 누구라도 제 마음에 시 한편 담지 않을 이 없으리란 생각도 들었다. 그러다 문득 이런 생각이 가슴을 소용돌이쳤다. 기와집마다 대문 앞에 그 집의 유래를 적어두는 나무 간판이 그네를 타고 있었음 참 좋으리라고.

  이 집은 범나리와 채송화가 아들 둘, 딸 둘을 낳고 농사를 지으며 오순도순 살았다. 그의 뜰이 유난히 아름다운 것은 둘이서 영원을 약속하는 의미로 나무와 꽃을 심고 정성껏 가꾸기로 하였기 때문이다. 둘은 복숭아나무 위에 서로의 이름을 새겨 놓기도 하였다. 복숭아나무가 점점 자라고 세월을 먹으면 그들의 사랑도 커져만 갔고 두 사람의 이름도 커져 희미해졌다. 그들 부부는 십 년을 주기로 희미해진 이름 위에 다시 둘의 이름을 새기며 변치 않을 사랑을 다짐했었다. 그들은 그렇게 복숭아나무에 다섯 번의 이름을 새겼고 행복하게 살다 생을 마감하였다. 그 두 사람은 지금 없지만 후손들이 이 집을 지키고 있으며 그들 사랑의 증표로 아직도 그때의 복숭아나무가 여기 살아 두 사람의 이름을 희미하게나마 기억해 주고 있다. 그 아름다운 사랑을 전하려는지 복숭아나무는 사랑빛으로 분홍으로 꽃을 피우고, 열매는 분홍이 익어 빨갛고 달콤하고 부드러운 복숭아 맛과 그윽한 향을 지녔고, 무엇보다 많이 열려 스스로 귀한 나무가 되었다. 또 다른 기와집 대문 어귀에 그 집만의 이야기가 열리면 그 동네 찾는 손님들이 모두가 공감대를 느끼고 그 마을에 대한 감상을 오래도록 가슴에 넣고 다니지 않을까 하는 나만의 상상을 해 보았다.

 삶의 희로애락이 스며들어 있는 마을이 진정 너와 나의 고향이기 때문이다. 대단한 인물만의 위인전 같은 마을은 왠지 식상하다. 부담스럽다. 엄마 포대기에 업힌 아이가 엄마의 등줄기에서 포근함을 느끼고 잠들 수 있는 것처럼 이 시대는 따뜻함이 무엇보다 요구되고 있는지도 모른다. 어느 시대에도 인간의 감성을 저버리고 살 수는 없었다.

 슬로시티는 현재의 삶의 무게가 크면 클수록 과거의 안락한 공간과 생활로 돌아가고픈 인간의 한 부분을 잘 살려 재화와 연결시키려 했던 것을 알 수 있다. 이제 앞으로의 시대는 예전에 우리가 누렸던 많은 것을 대가로 지불하고 얻어야 하는 때가 온 것 같아 서글픈 마음도 들었다.

 느리게 살아간다는 것은 주위를 돌아보며 충분한 감각과 생각을 갖고 자신에게나 이웃에게 의미로운 삶이 되고자 부단히 노력하는 삶이라 여겨진다. 우리는 말이 경주하듯 바쁘게 서두르며 살아야 현명한 사람이라고 존경을 퍼부었던 것 같다. 재주도 많아야 좋고 단조로운 것은 얕보기도 했었다. 빠르게 잘 해내면 재주꾼이라 했지만, 시간이 흘러 그들이 가는 곳이 정신과라면 우린 결코 빠른 것이 좋은 것만이 아니라는 것을 알 수 있다. 쉼이 있는 삶이 건강한 삶이라고 본다. 우리가 여태껏 달렸다면 이제 좀 걸어가 보자. 우리가 너무 똑똑히 살았다면 좀 어리석어 보자. 사람들에게 속는 날이 많아도 좋고 손해보는 날도 있으면 어떠랴. 우린 어차피 얽히고설키며 살아가는 길동무가 아니겠는가.

우리는 모두가 똑같은 마음으로 어느 한 길을 다 같이 가지는 못 한다. 내가 가고 있는 이 길도 주님이 주셨고, 내가 지고 가는 삶의 지게도 그 분이 주셨기에 반기듯 살아내야 함을 안다. 그 날 담양 창평 슬로시티를 거닐며 주님이 내게 주신 은혜로운 많은 것들이 떠올라 감사한 마음에 남몰래 눈시울을 적셨다.

언제나 고향에 온 듯한 마음으로 살아갈 수 있도록 조급한 마음보다는 차분한 마음을 청한다. 가슴에 두 손을 포개어 본 날이 새삼 떠오른다. 담 자락의 능소화 꽃들 사이에 숨어 사진 한 컷 찍으며 웃음꽃 더했던 슬로시티에서, 언제나 함께 계시는 주님으로부터 난 영원한 마음의 고향을 얻었다. 천천히 사색하며 생을 살아가리라 두 손을 모으며 다짐했었다. 갑자기 오는 비도 마다않고 반기며 걷곤 했던 그날이 아직도 내 맘에 아련히 남아 있다.

백담사에서 본 세 가지 풍경

어느 해였던가, 가을 단풍이 절정이었을 때 내설악에 자리 잡은 백담사를 다녀왔다. 백담사 하면 풍경 하나는 만해 한용운 시인이 떠오르고, 풍경 둘은 전 전두환 대통령의 칩거생활로 그려지는 강원도 오지의 절로 생각하게 된다. 그런 이미지의 절을 남편 회사에서 제공하는 설악콘도생활관 답사의 한 일정으로 가게 되었다.

풍경 하나로 대개의 절이 산 속의 좋은 자리에 위치한 것처럼 백담사도 내설악 한 자리를 포용하고 있었다. 그리고 풍경 둘로 전 대통령이 칩거한 흔적을 보게 되었다. 권력의 무상함을 말해 주는 것 같았고 모든 것을 다 내려놓았을 때 두 분 부부는 더 소중한 관계로 애틋한 사랑을 나누었다고 전한다.

만해 한용운 시인은 스님이기도 해서 더 각별히 내게 남겨진 분이다. 우리나라의 독립을 위해서도 힘쓴 애국자이며 문학을 통해 나라를 구하고자 했던 그 분의 세계관과 불교인으로서의 행적을 만나보았다. 우리나라에 이렇게 선이 분명한 문학인이 몇 명이나 될까, 참으로 대단한 분이셨다. 나라는커녕 내 작은 울타리에서도 불분명하고 좁쌀처럼 작은 속내로 살아온 내가 아닌가. 멈추어 선 범종이 별안간 나를 위해 힘차게 울려주는 것 같은 현란함에 잠시 빠져 들게 하였다.

절 안을 돌면서 이곳 저곳 눈길 돌리다가 기와와 단청의 어울림에 눈이 갔다. 곱고 단아한 문양과 기와가 조화롭고 아늑함을 주었다. 아늑해진 자신이 어느 사이 부처님의 미소를 따라하고 있는 듯했다. 곧이어 백담사 어귀 계곡 돌 위에 앉았다.

풍경 셋은 정신적으로 힘들게 살아가는 기도원생과 봉사자들이 함께 나들이 나온 모습이었다. 물가의 돌덩이에 앉아 풍경 셋에 내 두 눈은 멈추고 말았다. 기도원생들은 연령분포가 청소년부터 장년까지 폭 넓었다. 빨간 티셔츠를 입고 봉사자들과 내설악까지 구경온 것은 참 대견한 일로 보였다. 그들이 산과 돌과 나무와 바람과 하늘과 꽃과 물을 보면서 자연의 자유로움을 선물 받아 가기를 바랐다. 솔직한 고백이라면 그들의 무표정한 얼굴과 사십여 명의 어깨가 한결같이 축 처진 채 고개를 떨구고 걷는 뒷모습을 보고 마음이 아렸던 것은 어쩔 수가 없었다.

만해의 시 「알 수 없어요」를 봉사자가 청년들에게 들려주며 마음의 동요를 듣고파 해도 반응 없는 시선으로 먼 곳을 응시하는 것을 보았을 때 더 가슴이 찌릿해 왔다. 아마도 봉사자들은 백담사도 갈 것이라 한용운의 시를 미리 읊어 보았는지도 모른다.

그 풍경은 자유로운 사람들의 모습은 아니었다. 분명 무엇으로부터의 자유롭지 못한 영상들이 어지럽게 눈앞을 펼쳐 지나갔다. 묵주가 차 안에 있는 상황이었지만 갑자기 아무런 지향도 없이 묵주기도 한 단을 오른 손가락으로 짚어가며 하게 될 줄이야!

세상에서 가장 불행한 사람은 자신의 의지를 스스로 꺾는 것이리라. 물 흐르듯 세상에 자신을 내맡기고 타인에 의한 삶을 살고자 하는 마음 약한 사람들이여! 그래, 세상이 다 내 것은 아니지. 내 멋대로 할 수도 없어. 그러나 내 생각을 펼치려 노력하고 부딪치며 넘어지고 다시금 일어서고 깨어져도 다시 맞추기 위한 노력으로 인내와 배짱과 용기와 눈물과 사랑으로 살아가는 사람이라면 얼마나 좋을까.

물가의 돌덩이 위에서 본 풍경 셋이 저 멀리로 사라졌다. 물 따라 떠내려가는 단풍잎은 무엇을 보고 들었을까. 마음이 약한 사람들에게 나는 무엇을 해 주었고 그들 편에서 한 마디 위로를 해 준 적은 있었는지 생각해 보았다. 편견의 선에서 외면했던 적이 많았음을 고백하지 않을 수 없다. 나만 잘 살아왔다는 자만심을 버리고 앞으로 마음이 약한 사람들을 이해하고 그 마음 깊은 곳에 엉켜진 삶의 실타래를 이해해 주는 사람이 되기를 바랬다.

  내게 비추어진 그날의 풍경 셋이 아직도 선명하게 내 눈에 그려진다. 가을날 설악산 단풍구경을 하러 가면 백담사 고즈넉한 풍취를 다시금 담아오고 싶다.

사랑의 절벽(Two Loves Point)

긴 겨울 추위가 싫증이 날 즈음 괌을 갔었다. 남태평양에 있는 섬인 그곳의 바다색은 보석 같았다. 딱딱한 광석의 보석은 이보다 매력이 없다. 잔잔히 춤추는 듯 나풀거리는 에메랄드빛 물결과 한 번씩 쳐올려지는 파도의 포말은 매순간 모양이 다른 움직이는 보석이었다. 투몬의 해변가 모래알은 떡을 빚어 쪄 먹어도 될 만큼 참으로 부드러웠다. 어린날 도화지에 열대지방의 그림을 그릴 때마다 야자수를 그려 넣었는데 그 환상적인 야자수는 강한 빛을 그다지 가려주진 못했다. 양산처럼 보였고 그런 야자수가 이국적인 풍경을 자아내어 사진을 찍고 영화배우처럼 바닷길을 거닐었다. 이쪽 끝에서 저쪽 끝까지 모래가 쌓인 해변 길을 완주하다시피 했다. 내가 선 방향에서 오른 쪽엔 사랑의 절벽이 있단다. 들려오는 전설도 낭만적이라 그곳을 들르기로 하였다. 배를 타서 그 곳을 지나볼 수도 있겠지만 그 곳은 언덕 아래라 수심이 깊고 파도도 거칠어 되도록 절벽 뒷길로 차로 타고 간다고 했다. 그 아래 어귀에는 호텔도 있고 관광지다운 풍광이 그림처럼 펼쳐져 있었다. 그 언덕을 이용해 가는 보편적인 길은 없었다. 도로가 만들어진 길을 승용차로 십여 분 달려 돌아가니 다다를 수 있었다.

스페인 식민지였던 괌은 그 전에는 부족들이 옹기종기 모여 평화롭게 살았었다. 말레이시아나 인도네시아, 필리핀 민족들이 바다를 건너 모이기 시작하여 그들만의 부족끼리 서로 도우며 큰 다툼 없이 살았었다. 섬에서는 동물사냥을 했고 바다에서는 물고기를 잡아먹으며 남태평양의 해양성 아열대 기후를 즐기며 살았다. 대항해시대에 포르투갈의 탐험가 마젤란에 의해 발견된 괌의 차모로족들은 스페인에게 삼백삼십삼 년이란 오랜 식민지 생활을 하게 되었다. 나중 미국과 스페인과의 전쟁에서 미국이 이겨 미국령으로 되어버린 역사가 있다.

사랑의 절벽 전설은 스페인이 통치하던 시절에 일어난 이야기이다. 서로 깊이 사랑하는 차모로 연인이 있었단다. 그런데 그 여인을 좋아하던 스페인 장교가 차모로 여인을 흠모하여 강제로 결혼을 하려 하였다. 여자의 부모도 부를 가진 그 장교에게 혹한 나머지 결혼을 시키려 애썼다. 반대 앞에서 무력했던 둘은 몰래 섬을 빠져 나가 그들만이 살 수 있는 머나먼 곳을 향해 도망을 치기로 결심하였다. 칠흑 같은 어둠이 투몬 바닷가를 덮고 있는 밤을 타서 카누를 젓기 시작했다. 거의 투몬 바닷가를 벗어날 즈음 어둠속을 뚫고 나온 달빛이 그들을 비추고 말았다. 그들의 도주를 발견하고 수 백 명의 스페인 병사들이 연인들을 향해 총을 쏘기 시작하였다. 장교는 필사적으로 카누를 저어 연인들을 추격하였다. 쫓기고 쫓기는 과정에서 차모로 연인들은 카누를 던져버리고 바닷가 언덕으로 올라가게 된다. 달빛은 연인들의 편이 되어주지 못하였다. 유난히도 달빛이 밝은 밤, 그들이 언덕 위에 머무르고 있는 장면이 그대로 비추어지자 수백 명의 병사는 그 언덕을 향해 앞뒤로 몰려오기 시작했다. 위기에 몰린 연인은 이제 더 이상 달아날 수도 없는 운명을 알고 흐느끼며 부둥켜안고 서로에게 마지막 사랑을 확인하기라도 하듯 뜨거운 포옹과 입맞춤으로 달빛을 녹여 주었다. 그리고 서로의 머리를 땋아 한데 묶어 죽어서라도 떨어지지 말자는 맹세를 하고 바닷물에 몸을 던진 슬픈 사랑의 이야기이다. 그 사랑의 절벽에서 파도소리를 들으면 아직도 그들이 마지막 몸을 던지며 사랑을 고백한 사랑해, 사랑해 하던 말들이 파도가 칠 때마다 애달프게 들리어 온다고 한다. 숨 가쁘도록 긴박한 상황에서 나눈 사랑의 말들을 가까이 귀를 열고 들어본다. 철썩 사랑해, 철썩 더욱 사랑해, 철썩철썩 미치도록 사랑해 하는 파도의 기막힌 소리가 언덕을 치며 내 가슴에 파고 들어오는 것을 느꼈다. 때로는 차모로, 차모로 하는 듯한 부족의 이름으로 들리기도 하여 안타까운 역사의식으로 언젠가는 그들만의 나라를 꿈꾸는 아우성을 파도가 말해 주는 것 같았다. 식민지를 겪었던 나라라면 그 한을 알고도 남으리라.

몸을 더 감출 수 없는 두 사람의 선택이 비록 비극적이긴 하나 지금은 사람들이 사랑의 맹세를 위한 장소로 명소가 되어 버렸다. 더 기쁜 사랑이 된 것은 아닐까. 시간은 흘러 연인들은 그들의 사랑처럼 끊어지지 않는 사랑이 되려고 하트표 열쇠를 사서 이름을 적고 난간에 걸고 잠근다. 쇳덩이가 썩어 삭아 없어져도 변치 않을 사랑이 되기를 간절히 바라는 것이다. 또 차모로 연인의 뜨거운 사랑이 애달파서 오늘도 내일도 끊임없이 사랑의 절벽을 찾아 올 것이다. 사랑도 배워 알아야만 더 소중한 것을 알 수 있기 때문이다. 차모로 연인들을 상징하는 인형을 샀다. 머리는 땋아져 있다. 상인들의 말에 의하면 여자와 남자의 땋은 머리를 한데 묶어 걸어두고 보면 사랑도 원하는 대로 잘 이루어지고 하는 일도 뜻대로 잘 이루어진다는 속설이 있다고 한다. 두 사람의 머리를 한데 묶는 일은 쉽기만 하다. 이처럼 모든 일이 너나나나 잘 풀렸으면 참 좋겠다. 사랑의 절벽 전설은 그토록 사랑하는 연인이라면 함께 하도록 도와 주어야하고, 훗날 이런 슬픈 사랑이 없기를 바라는 의미가 짙게 깔려 있는 것 같다.

　투몬의 보드라운 모래 길을 맨발로 걸어본다. 그 옛날 애끓는 사랑이 슬프게 가슴을 저며 온다. 마치 차모로 연인과 걸어가고 있는 듯하다. 두 사람의 마지막 모습이 자꾸만 상기되어 눈앞에 왔다가 사라진다. 그들의 영혼이 이 바닷가를 떠나지 않고 누군가의 가슴으로 밀려와 또 다른 사랑으로 아름답게 펼쳐지기를 바라는 것이라고 혼잣말로 되뇌었다. 그들의 사랑을 오래토록 전해 주고픈 마음이 들었다. 투몬 바닷길을 다시 걸어보는 행운이 있다면 또 다시 그들의 사랑을 곱씹으러 사랑의 절벽을 달려가 볼 것이다.

청남대의 천사나팔꽃

구월이지만 한여름의 더위가 아직 멈출 줄 모르는 한낮이다. 사년 전 들렀던 청남대를 다시 한 번 오게 되었다. 충북 대청호 주변을 끼고 아름다운 숲 속에 자리 잡은 청남대는 대통령 별장이었다. 청남대란 '따뜻한 남쪽의 청와대'라는 뜻으로 불리었다고 하였다. 1983년부터 공식적으로 대통령 별장으로 이용되다가 2003년 4월 18일 이후 일반인에게 개방되었다고 한다. 전국적으로 많은 관광객이 드나들고 영화와 드라마 촬영지로도 인기가 높아졌다.

그 곳을 들어가기 위해 관광버스를 탔다. 산길 속에 서 있는 나무들이 사람들을 맞는 눈길이 여간 건강해 보이지 않았다. 짙은 녹색의 이파리들은 무어라고 우리들에게 소리쳐 주는 것 같았지만, 그 소릴 잘 알아듣지 못하고 스쳐지나가는 자신이 왠지 서글펐다.

버스기사는 일행에게 방금 지나온 이 길은 대통령이 방문하게 되면 철통같은 수비를 하던 곳이라고 한다. 청남대 입구부터 많은 경비병들의 수고가 있었음을 힘주어 이야기해 주었다.

청남대를 거닐기 시작했다. 본관을 쭉 둘러보았다. 대통령 휴양지이지만 일층은 회의실과 접견실, 식당, 업무도 병행했던 곳이었고 이층은 대통령 가족 전용 공간으로 사용하였다. 그 당시 가재도구를 보는 재미도 솔솔 괜찮았다. 본관 앞뒤로 조경이 아름답게 펼쳐져 있어 너도나도 사진 촬영하느라 즐거운 시간을 보냈다. 4년 전 앞뜰에 핀 천사나팔꽃은 보이지 않았다. 그 때 천사나팔꽃을 보며 천국을 떠올렸다. 우리들에게도 나팔을 불어주며 환호해주는 나팔소리를 연상할 수 있어 좋았는데 갑자기 서운하였다. 내가 천사나팔꽃을 꼭 한번 키워보리라 했다. 대청호를 끼고 산책길이 다시 이어졌는데 다다르니 오각정이었다. 후덥지근한 가을 더위였는데 오각정에 오르니 확 트인 시선만큼이나 시원한 바람이 불어 주었다. 대청호를 바라보며 서정주님의 시를 낭송하는 벗이 있었고, 맑은 소리로 노래를 들려주는 벗도 있었다. 대통령 일가들이 다녔을 길일 거라고 추측하니 기분이 묘했다. 넓은 곳곳을 다 돌기에는 약속한 시간이 짧았다. 대통령역사문화관을 마지막으로 들러 역대 대통령의 사진을 보며 내 인생의 역사도 되새겨 보았다. 역사의 흐름을 우리는 비켜 설 수 없다는 것도 알았다. 생존한 대통령들의 옛 모습이 정겹고, 운명한 대통령들이 추억 속에 남아 있는 모습에는 왠지 모를 안타까움이 몰려왔다.

　4년 전처럼 여유로운 청남대 구경을 하지는 못했다. 두루두루 살펴보고 감회에 젖는 시간이 짧았다. 그때에는 호반산책로와 양어장을 돌며 예쁘게 핀 수련을 휴대폰에 찍어두고 지금까지 내 휴대폰의 상징이랍시고 첫 화면에 넣고 다녔다. 어느 날 동네 어귀의 음식점에 갔다가 다음 번 예약을 위해 전화번호를 입력하려고 휴대폰을 열었는데 주인이 청남대 수련 사진을 자신의 가게에 걸고 싶다며 주인 휴대폰으로 전송해 주기를 부탁하는 일도 있었다. 그때의 수련도 있는지 궁금하였지만 시간이 주어지지 않아 가보지 못하고 버스에 올랐다.

　돌아오는 버스 안에서 엉뚱한 생각이 자꾸 내 가슴을 치밀고 나왔다. 청남대를 관광지로 돌리게 한 것이 결코 우리에게 자랑스러운 일인지. 그리고 분명 국가 재원이었을 텐데 이제 와서 구경시켜 준다고 비싼 입장료를 받는 것은 왜인지. 대통령이 휴양지로 누렸던 것처럼 우리들도 휴양지까지는 아니더라도 부담없이 산책하며 추억을 누릴 수는 없었을까. 이곳을 들어올 때 보았던 그 아름다운 나무들이 갑자기 우리 일행을 경비해주는 병사로 보이는 착시가 일어났다. 속 좁은 사람의 내성이 보여졌다. 대통령들이 머물고 거닐었던 그 길을 우리가 걸을 때 나무들은 우리를 보고 더 기뻐할까. 풀과 돌멩이조차도 예사롭게 보이지 않았던 걸로 봐서 거기에 있는 모든 것들은 스스로 선택받은 것에 행복하기만 하였을까.

그러다 생각이 확 바뀌기 시작했다. 자연은 아마도 느끼는 자의 마음으로부터 시작되는 것이리라. 휴양지의 생활이 마냥 행복했다면 자연도 행복하였을 것이고, 나도 행복한 마음으로 자연을 본다면 마냥 행복해지는 것이다. 청남대를 다녀와서 솔직한 마음은 부러움뿐이었다. 전원생활을 원하지만 아직 구체적인 계획을 잡지 못하고 뜬구름만 잡고 있는 자신이 처량해서 더 반문해 본 것일 수 있겠다.

청남대의 아름다움은 전체적으로 평화로운 느낌일 것이다. 그 많은 사람들이 오고가도 넓디넓은 공간은 한가로운 가객을 맞이하는 듯 단조롭기만 하다. 구월의 더위는 서늘한 내 마음에 와 닿지 않았다.

고목이 된 은행나무

　사람은 길게 살아도 백년이다. 그래서 한오백년 살자는데 웬 말이냐고 하는 노래가 있을 정도이다. 녹음이 짙은 부산 동래 범어사에는 육백년 된 은행나무가 있었다. 가을엔 은행 알을 서른 말이나 거둘 수 있다니 놀라웠다. 쭉 곧게 선 자태가 여간 범상스럽지 않다. 푸른 은행 알은 촘촘하게 달려 있다. 여름날의 푸른 은행 나뭇잎들이 바람을 쐬느라 여념이 없다. 큰 나무의 키를 눈으로 재어보는데 그 아래 선 사람들의 키 열 명을 합한 것보다 큰 것도 같았다. 육백년이라면 우리들 사는 것으로 봐서 십오 대 내지는 이십 대를 같이 엮어낸 역사의 증인인 셈이다. 그들이 살다간 세월을 다 아는 고목은 수많은 이야기를 듣고만 있었다.
　절 안의 나무인 만큼 좋은 일과 슬픈 일로 찾아오는 사람들을 많이 보았을 것이고 가까이 와서 하는 혼잣말도 들었을 것이다. 대웅전에서 기도를 하고 나와 은행나무 아래서 울음을 터뜨리며 털어 놓았던 이야기도 있었을 것이다. 나무는 그럴 때마다 더 자라고 싶었는지도 모른다. 빠른 시간 안에 가지를 뻗어 그들의 그늘이 되고팠을 것이다. 많은 사람들을 그 아래로 모이길 원하기도 했다. 자신의 몸에 기대어 앉아서 마음을 풀고 가길 진심으로 소망했다. 그래서 열심히 자랐고 제 품으로 오는 사람들에게 위안을 주고자 했다.

사실 나무 한 그루일 뿐인데 사람들은 그것을 바라다보고, 등을 기대고, 눕기도 하면서 속내를 털어 놓았다. 어느 날은 안타까운 사연에 어떡하지 하고 오래 붙들고 싶은 사람도 있었다. 저렇게 돌아가면 큰일이야. 움직일 수만 있다면 달려가 붙잡고 싶었다. 하룻밤 같이 이야기하다보면 무슨 방도가 있지 않을까. 속 타는 심정은 가뭄에 논바닥이 갈라지는 것과 흡사하였으리라. 여러 이야기 중에 수수꽃다리처럼, 수국처럼 향기롭고 풍성하여 눈웃음 짓게 하고 방긋 웃게 하는 맑은 이야기도 더러는 있었다. 아마도 그런 일은 적었으리라. 적어도 이곳까지 걸어 올라오는 숱한 사람들 중에는 도저히 혼자서는 해결할 수 없는 각기 다른 사연들이 있었음에 왔을 터이다. 관광으로 오는 이도 있었다. 그러나 무심코 은행나무와 마주쳤을 때, 눈과 가슴으로 다가오는 어떤 전류를 느낀 사람이라면 그냥 지나치진 않았을 것이다. 자신의 처지와 형편을 이야기하고 왠지 확 트이는 눈과 귀와 가슴을 안고 갔을 것이라 생각한다. 어떤 것을 위해 빌어서 달라는 요구와는 차원이 다른 대화였을 것이라 믿는다.

  푸른 이 숲 속에서, 유독 절 안의 은행나무가 서 있기로 그리 대단할까. 하지만 난 그 수령에서 이미 기가 꺾였다. 하잘것없는 내 하나의 인생이 무얼 그리 대단하다고 욕망과 번뇌에 쌓여 혼탁한 매일을 살았는지 반성해 보았다. 나무는 나무일 뿐인데 내게 주는 그날의 말들은 가슴 울렁거림이었다. 무수한 많은 사람들이 찾아와 은행나무를 바라보고 그 그늘에서 자신에게 맞는 정도의 삶이 무엇인지를 배워갔으리라. 앞으로도 은행나무 아래서 마음을 터놓는 사람들이 많이 오고가리라란 예감이 든다. 오랜 세월 살았기에 그 모양새에서 엄숙함이 묻어나는 걸 느꼈다. 시간 앞에 겸손할 수밖에 없고 세월의 소리를 귀담아 듣는 이가 지혜를 얻어 간다는 것을 확신한 날이다.

  인간이 고목되는 나이는 예순부터일까. 잘 알 수는 없지만 이제 늙음을 이해해야 하는 나이가 된 것이다. 내 삶의 향기가 그윽하게 배일 그날을 위해 열심히 살겠노라던 옛 맹세가 새롭게 각인된다. 고목으로서의 품위와 위엄이 있고 고운 향내가 나는 노인이 되었으면. 그리고 고목이 된 은행나무처럼 누군가 한 사람에게라도 마음속의 이야기를 들어주는 할머니가 되고프다. 그렇게 살 수 없었던 후회가 있어서일까 더욱 간절해진다.

야류 해변가의 풍경

태평양이 사방으로 펼쳐진 환상의 해변가에 발길이 닿던 날, 그곳은 흙바위가 바람에 깎여 버섯처럼 기묘한 모양으로 널려져 있는 것을 보고 놀라웠다. 돌 바위가 아닌 흙과 모래가 섞인 바위는 금방이라도 바스러져 버릴 것만 같았다. 그래서인지 기묘한 그 바위를 만지지 못하게 관리인이 일일이 지키며 조심하라고 손짓하며 말했다.

바람은 어떻게 이런 모습으로 해변을 만들어 놓았을까. 자연의 힘이라고 믿기에는 좀 의아한, 그러나 너무나 멋진 광경에 넋을 놓기도 했다. 이런 해변이기에 고스란히 관광과 연결되어 세계 사람들이 붐비고 있었다. 헤아릴 수 없는 사람들이 찾아와 감탄하였다. 모두다 이곳을 사진으로 남기려고 찰카닥 소리를 낸다. 스마트폰으로 찍는 사람들이 더 많다. 셀카로 찍는 사람들은 폰 앞에 자신의 표정을 다 읽어내려고 애쓰는 것이 어른인데도 귀엽게 보였다. 너도 나도 버섯 기둥 흙바위 앞에서 폼을 잡는다. 혹시라도 제 몸이 바위에 닿을세라 일정한 거리를 두려고 애쓴다. 실수로 그 바위에 몸이 닿기라도 하면 깜짝 놀라 소리를 내기도 한다.

자연이 빚어낸 흙바위라고는 하지만 바람의 장난으로 과히 예술적이었으며, 이 바위들은 바람이나 비에 의해 머지않아 사라질 거라고 한다. 태풍이 오고 거센 바람과 비가 들이닥치면 깎이고 깎여 점점 없어지는데 그 정도의 차이가 얼마냐에 따라 내년이라도 없어질 수 있다니 참 안타까운 이야기였다. 그래서인지 더욱 현재의 모습을 남기려고 사진을 찍고 야류의 해변을 둘러보는 것인지 모른다.

이런 이색적인 풍경은 처음이었다. 비바람에 돌이나 나무가 닳아지고, 파이고, 굽고, 휘어진 것은 많이 보아왔다. 흙과 모래가 어설프게 섞이어 바위처럼 서서 비바람을 맞는다는 건 여간 불안하지 않다. 처음에 어떤 사연으로 서로 진하게 엉겨 붙지 못했는지 궁금하였다. 어쩌면 먼 옛날 지진이 난 뒤에 마그마가 올라와 식을 때 설엉킨 것 같은 생각이 든다. 순전히 내 생각이다.

최후에는 그것들이 머지않은 날 사라진다는 데 더 의미가 있어 보인다. 그래서 더 마력이 붙어 사람들은 찾아오고, 꼭 자신이 살아 있을 때 보고 말 것이라고 붐비는 것이다. 몇 년이 지나고 와도 이대로 있는 거라면 그렇게 경이로워 하진 않으리라. 바람의 방향에 따라 형태가 만들어지는 모습치고는 남다른 형태에 놀랍다.

　세상에 살면서 있다는 것과 없다는 것, 만난다는 것과 헤어진다는 것, 남겨진다는 것과 사라진다는 것, 이 모든 것에는 나의 오감각이 격동적으로 움직였다. 내게서 어떤 것이 멀어진다는 것은 두려움이 엄습하여 불안해진다. 내게로 가까이 오는 것은 거의 좋은 느낌이 든다. 간혹 나쁜 추억이 없는 한, 대개 곁에 있는 것은 좋은 것이 많다. 버섯기둥 흙 바위가 널려져 있는 야류 해변가가 끝내는 평평한 모래 언덕으로 변해버린다고 생각하면 사람들은 현재의 모습에 더 애착이 가는 법이다. 나도 그랬다. 몇 년 뒤에 왔을 때 이 모습을 볼 수 없다면 참 허전할 것 같았다. 너도 나도 사진을 남기는데 나라고 빠질 수는 없었다.

　온 종일 바람을 맞으며 깎이는 흙바위를 보다가 내 모난 삶을 깎고 싶었다, 둥글게 둥글게. 바람 앞에 내 온 몸을 맡긴다. 태평양 바다는 가슴도 탁 트이게 한다. 바람이 멈추지 않는 한 야류 해변가 흙바위들은 변화를 거듭할 것이다. 그 형태를 조금씩 사라지게 하는 한이 있더라도. 또 새롭게 봐 주는 이를 만날 수 있기에 지금 이대로 좋을 수 있다고. 아직은 두렵지 않다는 표정이다. 그러면서 무언가 교훈을 주려고 한다. 사람도 언젠가는 사라진다는 것을 알

앉으면 했다. 살아 있을 때는 환영을 받고 즐겁지만 또 사라진다면 아쉬워도 한다. 하지만 흙바위가 흙모래 언덕이 되었을 때는 평범한 흙으로 보지 이처럼 환영하지는 않는다는 것을. 사람도 떠나가고 나면 조금은 서러워도 곧 잊혀지는 흙모래와 같은 신세가 된다는 것을 미리 알고 살아가라는 의미를 던져주는 것 같다.

야류 해변가에서 표고버섯 같은 흙바위를 보고 삶의 영양을 받았다. 채 썰어 참기름에 찍어 먹어본 표고버섯처럼 고소한 냄새가 코를 찌른다. 내 삶을 이런 냄새가 나도록 살아보고, 내가 떠난 뒤에 내 이름을 부르지 않아도 난 슬퍼하지 않을 사람이 될 거라고 입술을 굳게 다물고 그 곳을 빠져 나왔다.

둘이라는 공통분모

　오 년 만에 시지의 한 병원에서 대장 내시경을 하게 되었다. 엉덩이가 원으로 뚫린 병원 환자복을 입고 침대에 모로 누웠다. 링거의 바늘은 내 작은 손등의 혈관에 꽂혔다. 그 액체의 힘은 점점 나를 몽롱하게 만들어 갔다. 간호사의 안내로 모니터가 설치된 한 병실로 옮겨져 의사와 대면하고 대장 속을 들여다보는 긴 여행을 하게 되었다. 의사는 나의 대장 속 여행을 도와주는 안내자인 셈이다. 여행을 할라치면 부푼 꿈에 들뜬 마음이 되듯 내 대장이 고무풍선처럼 부풀어져 올라오는 느낌이 왔다. 의사와 난 모니터를 응시하며 혹시라도 대장 안에 석류굴이라던지, 가파른 언덕길이 있을 새라 조바심하며 살펴 갔다. 대장 안은 신기하게도 상상했던 것보다는 깨끗하였다. 전날 음식을 먹지 않았던 것과 밀가루를 풀어 놓은 물 같은 액체를 2리터 가까이 먹었으니 그럴 수도 있을 것이다.

내 가이드는 여행의 의미를 확실히 전해주고자 이 길 저 길 바쁘게 혹은 느리게 안내를 하였다. 이리로 가 볼게요. 아, 여기 하나 있군요. 이건 작은 거라 여기서 그냥 없앨게요. 그리고 편편하게 자리를 잡고 있는 것도 있네요. 크기도 좀 있네요. 내 몸에 완만하나마 작은 언덕이 있다는 것인데 그것을 가이드는 떼어 내어 혹시라도 모를 암세포 조직 검사를 해 보잔다. 약간의 긴장감이 없지 않았지만 가이드의 명을 따르기로 하고 대장정의 여행을 끝냈다.

설마 내 안에 암이 있을까? 스스로 대담하기로 맘을 먹었다. 의사의 기술적 역량에 감사하고 일주일 후 나올 결과를 기다리기로 하였다. 한참 안정을 취한 뒤에 병원을 나왔지만 현기증이 좀 남았다. 팔월의 햇살은 강렬하게 너는 살아야 한다는 조건 제시를 내게 주는 듯하였다. 둘째 딸이 준 양산을 들고 왔는데 내 손에는 없다. 아마도 병원 오는 길에 버스 안에 두고 내린 것 같다. 아깝지만 어쩔 도리가 없다. 대장 여행에 대한 내 사전의 준비에도 불구하고 조금은 두려움과 긴장이 나를 멍한 상태로 만들어 버린 것이다. 뙤약볕을 쬐며 걸어오다 찰옥수수와 물복숭아를 각각 한 봉지씩 샀다. 힘없이 횡단보도 앞에서 신호를 기다리는데 물복숭아를 맛보기로 먹어보라는 아저씨의 성화에 못 이겨 맛있게 먹은 죄로 두

봉지를 손에 들고 버스에 올랐다. 대장의 혹이 두 개여서 두 가지를 두 봉지씩 산 걸까? 묘한 생각이 들었다. 둘이라는 것을 기억해야만 하는 날인 것만 같았다. 텅 빈 집안은 텅 빈 대장 같았다. 정신적 공허가 무엇인가를 채워 주어야 한다는 사명감이 일기 시작했다. 찰옥수수 두 개와 물복숭아 둘을 먹었다. 거실 바닥에 몸을 앉히고 소파에 등을 기댄 채 산다는 것이 그 어떤 의미부여로만 채울 수 있는 것이 아님을 이해하게 되었다. 물복숭아는 정품이라기보다 흠이 한두 군데 있어 내돌린 복숭아였다. 품격에 맞는 모습을 지닌다는 게 사람이나 과일이나 다 힘든 일인가 보다.

텔레비전 리모컨을 이리저리 돌리다 그만 잠이 들었다. 더운 날이었지만 내 몸은 그다지 덥지 않았다. 두 시간 가까이 정신없이 잤더니 몸이 많이 개운해졌다. 벼르고 벼르다 시간을 내어 하게 된 대장 속 여행은 이제 일단락되었지만 암일 수도 있을 조직 검사를 일주일 정도 기다리는 일만 남았다.

삼일 후에는 서울 사는 둘째 딸이 수술을 받는다. 하루 정도 입원해야 하니 이틀을 서울서 보내기로 딸과 약속했다. 오랜 시간 책상에 앉아 책을 봐야하는 탓에 걸린 비밀스런 증상이다. 아직 미혼이라고 수술을 못하게 말렸는데 증상이 더 악화되어 결단을 내린 것이다. 서울로 가기 하루 전인데 내 몸과 딸의 수술에 대한 불안감이 밀려왔다. 모든 것을 가볍게 생각하려 했지만 마음과 몸이 그렇게 가볍도록 버려두지 않았다. 불현듯 성주 남양공원에 누워 계시는 친정 부모님이 보고 싶었다. 차를 횡하니 몰고 성주 선남면으로 달렸다. 내 몸엔 아직 온기가 없는 듯 덥지도 않았다. 성주대교를 지나 선남성당으로 차를 돌려 그 곳에 멈추었다.

한여름의 따가운 빛은 그곳 성당 뜰을 달구고 있었다. 성당을 들어서기 전 설치된 벽화 속의 성모 마리아는 부모님을 향해 감미로운 천국여행을 해드리는 것 같았다. 아늑한 성당 안에 앉아 두 손을 모으는 순간 내 불길한 마음은 다 사라지고 님이 나를 사랑하셨으니 나도 님을 영원히 사랑하겠노라고 고백하였다. 친정 부모님에게 나는 둘째 딸이다. 따가운 햇살 아래 누워 계시는 두 분이 나를 위로하시는 말로 내 딸 같지 않다고 하시는 듯하였다. 힘 없이 인사드리는 것으로 보아 무슨 걱정 있냐고 물으시는 생전의 염려와 다를 바 없었다. 눈물이 소나기처럼 쏟아져 내렸다. 언제쯤이면 빙그레 웃으며 산소를 찾을까.

다음 날 서울행 기차에 몸을 실었다. 둘째 딸과 예약해 둔 병원을 찾아 수술 절차를 밟았다. 수술시작 준비부터 입원실까지 오는 데 걸리는 시간은 한 시간 정도면 된다고 하였지만 엄청 긴 시간이었다. 환자복을 입은 딸을 보니 기도문 활자가 눈앞으로 계속 읽혀져 내려갔다. 딸은 거의 한 시간쯤 지났을 때 의식이 덜 깬 채로 병실로 들어왔고, 간호사는 삼십 분 뒤에 안정될 거라고 일러 주었다. 점점 의식이 깨어나는 딸 옆에 앉아 딸의 동정을 살피고 말을 걸었다. 딸은 남산이 가까이 있다고 말해 주었고, 병원 근처 식당을 찾아 늦은 점심을 먹고 오라고 하였다.

첫 번째 화장실 가는 것을 도와주는 일 외에는 불편함이 없다고 하였다. 이인 입원실이라 딸이 잠들 때 잠깐 밖엘 나왔다. 옆 침대의 모녀 둘이 소곤소곤 이야기하는 데 왠지 눈치가 보였기 때문이다. 나가자마자 청소부 아주머니가 냉커피를 건넸다. 집에서 마련해 온 커피였다. 딸이 수술해서 시골서 온 것이냐며 인상이 좋아 무언가를 주고 싶은 마음이 든다고 계속 말을 이어갔다. 그날 밤 난 환자 옆에서 코를 골 정도로 피곤했었나 보다. 침대에 있던 딸이 내 머리를 살짝 들었다 놓아 주고 제 자리로 갔던 것 외에는 아무런 인기척도 느끼지 못했다. 다음 날 딸은 내게 말했다. 엄마 많이 피곤했나 보더라. 코를 골더라. 내가 베개를 다시 베어 주고 갔었다. 정말 고마웠다. 뭔지는 모를 찡한 것이 가슴을 쓸어내려 사실은 지난밤 눈물이 고였었다. 딸이긴 해도 의지가 되곤 하였다. 우리는 둘째 딸이라는 운명적 공통점이 있고, 엄마에게 살갑게 다가가는 정이 있는 딸들이었다. 서로의 새치 머리를 뽑아주고, 눈썹도 다듬어주고, 여드름도 짜 주고, 손톱도 다듬어 주고, 귀지도 꺼내주며 무릎에 머리를 기대고 온 몸을 점검해 주기를 좋아하였다. 몸 어디엔가 점이 숨어 있는지도 알고……

한 병실 옆 침대의 모녀가 잠시 밖을 나갔다. 딸은 내게 이렇게 말해 주었다. 엄마는 얼마나 행복한지 알아. 나 같은 딸이 있으니까. 저 침대에 누워 있던 딸은 정말 못된 딸이더라. 제 엄마더러 여태까지 해준 게 뭐 있냐고 따졌다. 그 엄마는 슬슬 기듯이 딸에게 고분고분하기만 하더란다.

정말 그랬다. 둘째 딸은 가슴 뭉클하도록 행복을 주곤 하던 딸이었으니까. 아마도 내게 전하는 그 말은 중학교 때 학원 선생님이 자주 딸에게 하던 말이었다. "지은아. 네 엄마에게 꼭 전하렴. 너처럼의 착한 딸을 둔 지은이 엄마는 얼마나 행복할까! 정말 부럽다고 꼭 전하렴."

세월이 어떻게 변할지 모르지만 둘째 딸이 이 날까지 잘 자라주어 도리어 고마운 마음이 드는 것은 딸들만이 가질 수 있는 어떤 묘한 심리적 교류가 있었기 때문이리라.

강 저편에는

 예전에 내가 살았던 곳에서 바라보던 강 저 편에 오늘 내가 서 있다.
 태풍 '민들레'가 올라온다는 뉴스의 긴급 보도만큼 가슴이 뜀박질해 온다. 어린 시절 강 저편에서 꿈꾸며 달려온 시간들이 아직도 멈추지 않았나 보다. 간간이 빗줄기는 뿌려지고 넘실거리는 강물은 더 거센 물결로 변해 간다.
 강 상류에는 벌써 더 많은 비가 내렸는지 푸른 강물이 점점 황톳물로 바뀌어 간다. 사십여 년 전에 나는 강 저편에서 내가 지금 서 있는 이쪽을 바라보며 또 다른 세계에 대한 상상의 나래를 폈다.
 강 건너 저편 얕은 산 위로 석양이 질 때, 그 산 뒤에 늘 미지의 세계가 숨어 있는 것 같아 석양을 따라 달려가고픈 마음이 일곤 하였다. 그 산 뒤에 있는 현실적인 동네에 내가 이사와 삼년 째 살고 있다. 그토록 알고파 했던 그곳을 이사와 살 줄은 정말 몰랐다.

갑자기 어니스트의 '큰 바위 얼굴'이 생각났다. 그의 마을에서 바라본 산에는 사람 얼굴 모양의 바위가 있었는데 전설에 의하면 그 얼굴을 닮은 사람이 나타나서 그 마을에 좋은 일이 일어나게 해줄 거라는 이야기였다.

매일 큰 바위를 바라보며 작은 꿈을 꾸던 아이가 청년 시기를 지나 나중에 어른이 되어 마을을 찾았을 때, 그가 바로 큰 바위 얼굴을 닮았다고 사람들이 인정한 것이다. 어릴 적부터 바라보았던 큰 바위 얼굴은 바라보는 이에게 희망을 품게 하였고, 그 마을에 행운을 주는 사람이 될 거라는 전설을 확신으로 바꾸어 놓은 것이라 참 감동적이었다.

내가 큰 바위 얼굴 같은 인물이라는 것이 아니다. 실제 얼굴이 커서 큰 바위 얼굴로 불리어진 적은 있지만. 어릴 적 내가 동경한 강 저편의 동네에 지금 산다는 것이 신기해서 큰 바위 얼굴 이야기가 떠올랐다. 꿈을 꾸면 꼭 이루어질 수 있는 일이 생긴 것처럼 마치 그런 일이 내게도 일어날 수 있다는 확신이 드는 것을 숨길 수 없다.

생각해보면 이 산 뒷동네로 어린날 엄마랑 손수레에 배추를 싣고 팔러온 적도 있었다. 배추가 풍년이 되어 헐값에 팔릴 때, 한 푼이라도 건지기 위해 엄마와 내가 이 산 동네로 온 것을 알고 있다. "배추 사세요!" 목소리 높여 외치며 한 포기라도 더 팔아보려는 엄마의 그 애절한 외침이 지금도 내 귓가를 울리는 듯하다. 그 모습 어렴풋이 보인다. 손수레에서 찾아오는 손님만 받는 나를 보고 "배추 사세요!" 라고 소리 질러 보라는 엄마의 말에 한 번 해 보려 해도 내 목소리가 목까지 와서는 걸려 더 이상 입으로는 나오지 않았다.

열 살의 여자아이로서 누군가 볼까 싶어 부끄럽고, 아직 장사꾼이 아닌 학생이라는 사실이 더 압박감을 주었는지 그날 한 번도 배추 사 보라는 말을 못하고 말았다. 지금 생각하니 왜 그렇게 배추 사라는 말을 못한 걸까 더 부끄럽다. 그렇게 용기가 없었던 자신이 마구 미워진다. 엄마의 힘겨운 노력으로 배추는 헐값에 다 털고 빈 손수레에 찬거리와 간식을 사서 집으로 왔다. 그날 집에는 병중의 아버지만이 우리를 기다리고 계셨다.

지난날은 다 아름다운 것이다. 강물은 동화처럼 추억을 재미있게 들려주기를 좋아한다. 강 저편을 보는 즐거움이 나를 지탱해 주는 힘이 되고 있다. 자연은 살아 있는 영원한 교과서이며 삶을 살아갈 수 있도록 면역체계를 튼튼히 해 주는 초유 같은 것이라 생각된다.

이제 강물도 옛 강의 소리를 잊어 버렸다. 강도 세월을 먹었나 보다. 그러나 내 가슴 속에는 아직도 옛날의 강물소리가 흐르고 있고, 내 두 눈 속에는 아직도 그 날의 석양빛이 각인되어 발하고 있다. 강 저편에는 동녘의 붉은 해가 떠오를 것이다. 붉은 아침 해를 바라보며 노년의 세월 그려 보리라. 최후에 아름다울 수 있는 할머니가 되고 싶은 내 소망을 서녘을 보고 꿈꾸었는데, 지금에 와서 동녘을 보고 그 꿈을 펼친다고 나무랄 사람 없을 것이다. 더욱 열정적인 내 삶은 동녘 하늘처럼 붉게 타오르리라. 강 저편에는.

바투동굴의 전설

플라타너스 가로수 나뭇잎 초록으로 나부끼는 유월, 한 단체에서 미리 계획한 말레이시아 여행을 떠나게 되었다. 4박 5일의 길지 않은 연수 겸 여행은 사계절이 없는 아열대 나라라는 이유만으로도 매력적이었다. 인천항을 빠져나가는 비행기의 굉음은 늦은 밤 쿠알라룸푸르 공항에 착륙하기 위한 메아리로 들렸다.

말레이시아에서 삼일 째 되는 날 바투동굴을 찾았다. 나의 정신을 쏙 빼앗아간 바투동굴의 전설을 듣게 되었다. 여행을 다녀온 후에도 한 동안 내 마음을 짠하게 하였다.

옛날, 엄청 부자인 한 어머니가 있었단다. 남편은 세상을 떠나고 없었다. 언젠가는 자신도 이 세상을 떠날 것인데 이 많은 재산을 누구에게 줄 것인가를 고민하게 되었다. 그 어머니는 두 아들이 있었다. 그래서 아들에게 이런 부탁을 했단다.

"아들아, 이 세상에서 가장 중요한 것이 무어라고 생각하니? 너희가 가장 중요하다고 생각하는 그 곳을 찾아가서 세 바퀴를 돌고 나에게 오너라."

어머니의 이 말을 듣고 두 아들은 고민에 빠졌다. 첫째 아들이 고민에서 아직 벗어나지 못할 때, 둘째 아들은 이 세상에서 가장 중요한 것은 지구 즉 이 세계라고 말하고 곧장 말레이시아를 떠나 전 세계를 세 바퀴 돌고 오겠노라 약속하고 중국 대륙을 횡단하고 있었다. 그 무렵, 고국에서 날아온 소식은 큰형이 세상에서 가장 중요한 것은 어머니이며 어머니를 위해 한 평생 살겠다고 말하고서 어머니를 업고 그 자리를 세 바퀴 돈 뒤, 어머니가 죽는 그날까지 함께 살 것을 눈물로 맹세하자 어머니는 큰아들의 효심에 감동하여 자신이 가진 모든 것을 큰아들에게 주겠다고 약속하였다는 것이다.

작은아들은 먼 타국에서 어머니가 큰아들을 선택하고 말았다는 말에 절망하였고, 자신은 어머니에게 버림받았다는 생각을 하고 지구를 세 바퀴 돌겠다는 각오를 바꾸어 곧바로 말레이시아로 돌아오고 말았다. 그리하여 작은아들은 자신과 고행을 같이할 사람들을 불러 "나를 따르라." 하고 앞장서서 그와 함께 할 동지들과 바투동굴로 들어가 버렸다. 그는 고통 받는 자를 위해 죽는 날까지

기도하며 살았다.

　작은아들이 그렇게 동굴로 간 사연을 접한 어머니는 그때서야 작은아들에 대한 미안함과 잘못을 알고 어미를 원망하였을 작은 아들에게 바투동굴 앞에서 눈물로 참회의 용서를 바랐다고 한다. 그리고 그 동굴에서 나와 어미와 같이 살자고 간청하였으나 작은 아들은 끝내 나오지 않았다. 평생을 바투동굴 앞에서 울며 기도하다 죽은 어머니와 바투동굴 안에서 평생을 고행하며 기도하다 죽은 아들의 전설이 서려 있는 곳이기에 안타까움이 깔려 있는 곳이다.

　그래서 바투동굴은 고행을 체험하기 위한 이백칠십두 개의 계단을 올라가야만 들어갈 수 있다. 이것은 힌두교에서 인간이 태어나서 저지를 수 있는 죄의 숫자이며, 왼쪽으로 걸어 올라가면 과거의 죄가 소멸되고 중간을 올라가면 현재의 죄가, 오른쪽으로 올라가면 미래의 죄가 소멸된다는 의미도 담겨져 있다.

　전설이긴 하지만 선택의 기로에서 우린 언제나 고민하지 않을 수 없으며 현명한 판단을 내릴 수 있는 지혜가 있어야 함도 배웠다. 어떤 결정적인 순간이 올 때 어떻게 하여야 할까를 자문해 보는 좋은 시간이 된 것 같다. 어머니는 왜 두 아들에게 자신이 갖고 있는 것을 반으로 나누어 주지 않고 꼭 한 아들에게만 주려고 하였을까. 내 몸으로 난 두 아이지만 더 내 자식 같은 아이가 있을 것이란 집착이 만들어 낸 이야기인 듯하다. 왠지 형제간, 부모 자식 간에도 언젠가는 갈라져 나가야 하는 서글픔이 깔려 있는 것 같아 가슴이 아린다.

큰아들은 가장 현실적인 것을 원했고 작은아들은 가장 미래지향적인 큰 뜻을 지녔던 것으로 보인다. 지구 즉 세계를 위한 원대한 안목이 있었기에 어머니에게 버림받은 작은아들은 역으로 바투동굴이란 작은 공간에 들어가 자신처럼 고통을 받는 사람들을 위해 기도로서 평생을 바칠 수 있었던 것이다. 그가 바로 무르카신이란 이름을 얻고 많은 중생들을 보살폈던 위인이다.

어머니는 한 아들만 얻으려 하다가 결국 두 아들마저 자신의 품으로 안지 못하고 말았다. 큰아들이 어머니를 중요하게 생각하고 평생 어머니를 모시고 살고자 했지만 작은아들을 바투동굴로 보낸 어미마음으로서는 큰아들과 함께 살지 못하고 자신을 원망했을 작은아들을 향한 참회의 눈물로 동굴 밖에서 울며 보낼 수밖에 없었던 슬픔을 겪고 말았다. 차라리 두 아들을 불러 자신이 죽어도 의좋은 형제로 살고 재산의 일부는 남을 위해 쓸 수 있는 그런 아들들이 되기를 원했더라면 좋았을 것이다. 한편으로는 그런 어머니의 질문이 있었기에 두 아들의 삶이 확연히 달라지고 결국에는 고통 속에서도 타인을 위해 산 작은아들이 후대에 이름을 얻어 성인이 되고 성지가 된 것일 수도 있겠다.

난 어미로서 두 딸에게 어떤 말을 던져 보아야 할까? 두 딸이 선택의 상황에서 보다 현명한 판단을 내릴 수 있는 혜안이 있기를 바랄 뿐, 어떤 형태로의 질문도 구상해 내지 못했다. 바투동굴의 전설을 듣고 그 가파른 계단을 오르면서 난 작은 딸을 위한 기도를 바쳤다. 그리고 큰 딸을 위한 기도도 빠뜨리지 않았다. 내가 걸어가야 할 고행의 길 이백칠십두 개의 계단은 숨이 찼다. 이 정도의 고행이 내 삶의 한 부분이라면 이 몇 배라도 참고 받아들일 수 있겠다. 그리고 내가 자식들에게 바라는 일로 그 무엇을 선택하게 할 때에 후세에 남을 수 있을 만큼의 충격적인 사건이 되지 않도록 고민해 봐야겠다. 바투동굴의 전설은 어미가 자식들에게 흔히 할 수 있는 관심과 사랑의 정도를 넘겨 짚어보는 사례 중의 하나일 것 같다. 현재의 어른들이 되새겨 봐야할 이야기라고 본다. 내가 자식들에게 줄 것은 무엇이고 버려야 할 것은 무엇인지도 진지하게 생각해 보았다.

사계절이 없는 말레이시아의 날씨는 우리의 칠월과 팔월 같았다. 후덥지근하고 습도가 높아 불쾌지수가 높아질 수도 있었는데 바투동굴의 전설이 내 마음을 얼음덩어리로 만들어 주었기에 4박 5일의 여행은 여름밤 별나라 여행을 다녀온 기분이었다. 한편 두 딸을 성인으로 만들 수 있을 만큼 강력한 메시지가 담긴 질문 하나쯤 만들어 건네주고 딸들의 마음을 담금질 해볼까 하는 얄궂은 생각도 들었다.

플라타너스 가로수는 진초록으로 길가에 서 있다. 그 큰 잎들이 부채질하는 여름이 낯설지 않은 것은 내가 벌써 이 땅에 의지해 산 햇수가 만만치 않았음을 은근히 말해 주는 것일 게다. 바투동굴의 무르카신 어머니처럼 나도 언젠가 딸들에게 이 세상에서 가장 중요한 것이 무엇이냐고 자식들에게 물을 수 있는 나이가 점점 다가오고 있음을 안다. 어느 쪽도 섭섭함이 없는 지혜로운 질문 하나 만들 수 있다면 참 좋으련만. 내 인생의 역사적 한 사건을 멋지게 치러내고야 말겠다는 생각이 괜스레 여름밤을 덥혀 주고 있을 뿐이다.

포플러 나뭇잎에 바람이 불면

털신 한 켤레 | 위험에 빠진 아기 고양이 | 책꺼풀을 입힐 적마다 | 추억의 옥수수빵 | 잊을 수 없는 설교 | 아버지의 목소리 | 포플러 나뭇잎에 바람이 불면 | 강을 바라보며 | 엄마가 내게 남긴 유산 | 고요가 주는 행복

털신 한 켤레

추운 겨울이 계속되던 이십여 년 전의 일이었습니다. 한 할머니는 칠십이 넘은 나이였지만 일을 하러 다니셨습니다. 당신의 밥 한 그릇을 채우기 위해서라면 경로당에서 여느 노인과 입담을 주고 받으며 살 수는 있었습니다. 더 한가로울 때면 할머니는 지나간 첫사랑도 생각하며 추억을 곱씹을 수도 있었겠지만 할머니에겐 너무도 귀중한 손자가 있었던 것입니다.

엄마를 일찍 떠나보낸 일곱살짜리 그 손자를 할머니는 무척 사랑했습니다. 그런 손자의 학비를 보태기 위해 일을 나갔던 것입니다. 어쩌면 손자는 제 할머니를 엄마라고 불러도 괜찮을 만큼 손자도 할머니를 사랑했던 것만은 사실이었습니다. 손자만 있었던 게 아니었죠. 손녀도 있었지요. 손녀는 여고를 졸업하고 직장을 다녔지만 남동생을 다 책임지기는 어려웠습니다. 대학 때까지 할머니가 손자의 학비를 다 보태지는 않았지만 할머니의 마음속에는 손자를 사랑하는 길은 자신이 조금이라도 일을 하여 학비를 보태어 주는 것만이 최선의 길이라 생각했던 것입니다.

주위 친척이나 이웃들의 도움이 없었던 것은 아니었습니다. 큰 도움 속에는 할머니의 비수를 찌르는 말 한 마디 때문에 더 무거운 도움이 되곤 했었습니다.

"고아원에 보내 버려라."
"어미 없는 자식은 키워봐야 그 공을 모른다."
"부모 복 없는 아이는 색시 복도 없고 평생 복 없게 산다."

할머니는 그 모든 말들을 가슴 속에 숨기며 삼켰습니다. 나중에는 응어리지고 눈물도 메말라 버렸습니다. 그러면서 자신이 하고픈 말들은 하느님께 기도하며 토해 내기를 매일같이 했습니다. 제대로 한글을 다 터득하지는 못했지만 주님의 기도, 성모송, 사도신경, 영광송은 외울 수 있었습니다.

날마다 추운 새벽에 목도리를 하고 일터로 가는 할머니를 유심히 지켜본 한 할아버지가 있었습니다. 할아버지는 그 할머니에게 그 나이에 어딜 나가시냐고, 이른 아침마다 이 추위에 방안에 계셔도 추울 나인데 어딜 가시느냐고 관심을 가지며 물어 보았습니다. 할머니는 웃으시며 심심해서 일하러 나간다고 했습니다. 할아버지는 또 며칠 더 할머니를 지켜보다가 걱정스레 말했습니다. "건강 조심하셔야지요. 이렇게 추운데 정말 일하러 갑니까?" 하고 가족처럼 다정하게 인사를 건넸습니다. 할아버지는 왠지 말 한마디라도 따뜻하게 전하고 싶었고, 할머니의 사정을 모르긴 해도 마음만이라도 녹여 주고팠는지 모릅니다. 그렇게 할아버지와 할머니는 새벽에 종종 마주쳤습니다. 할머니가 첫 버스를 타고 가는 그 시간을 맞추어 할머니의 모습을 자주 지켜보았던 것입니다.

그렇게, 그렇게 며칠이 지난 후, 할아버지는 할머니에게 털신 한 켤레를 선물하기로 하고 재래시장에서 털신을 샀습니다. 그날도 추운 겨울날이었습니다. 할아버지는 할머니에게 비닐봉지에 담긴 털신을 내밀며 이렇게 말했습니다.

"할머니, 털신이어요. 내 안사람하고 시장에 가서 할머니 줄려고 한 켤레 샀어요. 할머니가 신고 다니는 뽈 슬리퍼는 너무 추워 보여서 발이라도 좀 따뜻하게 해 다니면 덜 춥지 않겠소. 우리 할망구한테 할머니 이야기를 했더니 같이 가서 사자고 해서 샀지요."

할머니는 극구 사양했습니다. 낯선 할아버지한테서 털신을 받는다는 것이 여간 어색하지 않았습니다. 막 버스를 타고 일터로 가려는데 억지로 손에 쥐어주는 그 털신을 받아들고 자리에 앉은 할머니는 고마움은 있었지만 그 동안 너무도 오랫동안 세파에 찌든 때문인지 그 감정을 솔직히 나타내지를 못했습니다. 그 고마움이 차라리 동정으로 비춰져 가슴을 더 아리게 하는 줄을 할아버지는 모르셨습니다.

털신을 받은 할머니에게 이 이야기를 들은 이후 추운 겨울이면 그 털신 한 켤레가 생각이 납니다. 얼굴도 모르는 그 할아버지의 따뜻한 맘이 새록새록 다가옵니다. 털신 한 켤레의 사랑은 남녀 간에 유혹적인 메시지가 아니었기에, 그냥 스쳐 지나가 버릴 이웃을 따뜻한 사랑으로 다가간 그 마음과 눈길이 첫 눈처럼 곰살맞게 겨울이면 생각이 납니다.

아주 오래된 청소년 드라마에서 본 것인데 어느 여학생이 갑자기 처지가 어렵게 되었습니다. 그래서 선생님께서 도움을 주려고 했더니 그 여학생은 자신의 자존심을 건드리는 것이라며 결코 도움을 받지 않으려 했습니다. 그러자 선생님께서 이렇게 타이르시던 말씀이 또 생각납니다.

"지금 네가 도움을 받는 것은 자존심과는 아무런 상관이 없고, 내 처지를 남이 안다고 해서 결코 부끄러운 것이 아니다. 오늘 내가 이 도움을 받지 않는다면 먼 훗날 네가 도움을 줄 자리에 있을 때 너는 결코 남을 도울 수 있는 사람이 되어 있지 않을 것이다."

선생님의 그 말씀을 듣고 그 여학생은 눈물을 흘리면서 선생님께 용서를 빌었고, 자신의 좁은 마음을 후회했으며 그 후 교우들과도 원만한 관계 속에 학교생활을 하였던 것을 떠올려 보았습니다.

　세상은 털신처럼 부드럽고 따뜻하기를 원하나 그것을 느끼지 않으려 외면하는 사람에게는 세상은 얼음보다 더 차가울 수 있는 것입니다. 오늘 참 춥습니다. 털신 한 켤레를 사서 이웃에게 전할 수 있었던 할아버지의 마음을 제 가슴으로 담아보렵니다. 추우면 추울수록 더더욱 털신의 따뜻한 감촉이 그립게 느껴집니다.

위험에 빠진 아기 고양이

어느 가을이었다. 감나무 과수원은 노을빛을 담아 놓은 듯했다. 도시 안의 과수원이라 처음 참 신기했다. 인근 비행장의 영향인지 수십 년째 마을은 변화가 없다. 헌집을 헐고 새집 몇 개 들어선 것과 밭들이 점점 집으로 지어지는 그 정도의 변화였지 우람한 건물이 들어 선 것도 아니었다. 덕분에 시골스런 분위기를 느낄 수 있어 좋았다. 감나무의 감처럼 달콤한 시간을 내게 주기도 한 과수원이 있는 길목이다. 그런 날들의 하루였다.

아침 출근길에 한 아주머니의 다급하고도 안타까운 목소리에 발길이 멈추어졌다. 아기 고양이 한 마리가 찍찍이에 달라붙어 몸부림을 치다가 기진맥진하여 과수원 울타리에 있다는 것이다. 밤새 물 한 모금 못 마시고 애를 태운 모습이 역력했다. 찍찍이는 아기 고양이에게는 한 짐이었다. 전 날 어느 집에서 쥐를 잡으려고 이 찍찍이를 펴놓은 모양인데 쥐 아닌 고양이가 걸려들었던 것이다. 고양이 가족들은 동네를 자유롭게 돌다가 어느 집이라도 들러 수돗가에서 대야에 있는 물을 마시고 가는 것은 누구도 허용한 상태이다. 아마도 그날 밤 아니면 새벽에 고양이 가족들은 물 한 모금 먹으러 갔다가 아기 고양이만 이 덫에 걸리고 만 것 같다. 발 하나만 찍찍이에 붙은 게 아니고 완전히 드러누운 자세였다. 걸을 수도 없으니 드러누운 채 이 과수원 울타리까지 온 것만 해도 대단한 노력이었다. 과수원 안에는 어미 고양이가 감나무 아래에서 지켜보고 있었다. 어미도 해 줄 수 있는 어떤 방안도 없었던지 쳐다만 보고 있는가 보다.

　아주머닌 발만 동동 구르고 어떻게 해야 되지 하며 지나가는 사람들에게 도움의 눈길을 보내도 출근길이라 모두 바삐 가기 바빴다. 아기 고양이에게 손을 대면 어미 고양이가 달려든다고 위험하니 한사코 말리는 사람도 있었다. 설마 자기 새끼 구해주는데 우리를 해치겠냐고 팔을 걷어붙였다. 그리고. 찍찍이를 조금씩 떼어 내었다. 털이 있어 몰랐지 고양이가 이렇게 약한 줄은 이제 알았다. 혹시라도 어미 고양이가 달려오면 말해달라고 부탁도 했다. 진땀이 나는데 아주머니는 계속 말을 이었다. "지난밤 아기 고양이가 계속 울었어요. 어미가 구해 보려고 해도 안 되었나 봐요. 찍찍이에 멸치 몇 개 놓인 걸 먹이로 알고 먹으려다 봉변을 당한 거예요." 날이 밝자 어미가 이곳까지 찍찍이 한 쪽을 입으로 물고 조금씩 끌고 왔는데 이 담을 넘지 못하여 난감해 하는 지금 내가 온 것이란다. 사람들이 많이 지나가자 어미는 과수원 안으로 들어가 버렸단다.

찍찍이에 붙은 고양이가 생각보다 쉽게 떨어지지 않았다. 껌 같은 액이 무척 힘이 세었다. 고양이 다리를 휘감고 있는 털을 떼어야 했다. 아기 고양이 다리의 앙상한 뼈를 만지려니 부러질까 두려웠다. 나는 떼낸다고 정신이 없고 아기 고양이는 털과 살이 찍찍이에서 떨어지는 순간 따갑고 아파서 움츠려들고 둘은 하여간 제 정신이 아니었다. 조금만 참아, 너 정말 아프겠구나, 달래가며 계속 일을 했다. 도저히 손으로 안 되는 것은 옆에 마구 버려진 사기그릇 깨진 조각을 주워 긁어 떼어 내기도 하였다. 다 끝냈다. 아기 고양이는 얼른 일어나더니 풀에다 덥석 누워 등을 비비고 펄떡 일어나 철조망 작은 구멍을 빠져 나갔다.

어미에게로 달려가는 아기 고양이를 보고 지나가던 한 아주머니까지 합세하여 세 사람은 박수를 쳤다. 이제는 살았구나 하는 안도감이 박수가 되었다. 어미는 새끼를 입으로 쓰다듬었다. 아기 고양이는 털에 남아 있는 찍찍이 약이 아직 좀 개운하지 않아서일까 다시 풀 섶에 누워 온몸을 비비고 일어나 네 발로 우뚝 섰다. 어미는 우리를 향해 무언가 말하고 있는 듯 빛나는 두 눈을 하고 바라보았다. 오랫동안 감나무 아래 앉아 움직이지도 않고 그냥 우리를 보았다. 우리는 손짓으로 가도 된다는 신호를 보냈다. 이제 가도 돼. 어서 가. 너희들 노는 데로 가거라. 그제야 어미 고양이가 일어나 우리들에게 고맙다는 인사로 제 자리를 한 바퀴 돌아 주더니 아기 고양이와 함께 달려갔다. 그리고 조금 달리다 다시 한 번 뒤돌아보고 뚫어져라 우리를 본 뒤 마지막 인사처럼 하고 멀리 달려갔다.

그날 이후 동네에서 고양이들을 봐도 그때의 고양이인지 분별할 수는 없었다. 노르스름한 털을 하고 있었던 고양이, 호랑이처럼 위엄이 있기도 했던 어미 고양이와 애완견 같았던 아기 고양이를 만날 수는 없었다. 평소 고양이를 싫어했던 나인데 고양이를 이렇게 보고파할 줄 몰랐다. 고양이의 눈빛을 무섭다고만 느꼈던 내가 고양이의 그 눈빛이 다정한 빛으로 다가온 줄이야.

그 가을의 아침과 감나무 과수원이 내 마음에 아직 남아 있다. 감빛도 내 가슴에 주황빛으로 채색되어 있다. 가을햇살도 쬐고 싶다. 고양이들이 햇살에 몸을 웅크리고 앉아 있는 것처럼. 잠이 오면 잠을 자고 눈을 떠야 하면 눈을 뜨면서. 복잡한 세상일이랑 다 던져 버리고 고양이처럼 야인으로 사는 것도 괜찮을 것도 같았다. 고양이들이 담을 타고 다닌다. 기와지붕에 올라 장난을 치고 야우

웅야웅 이야기도 한다. 저들이 노는 것을 봐서 사람이라면 자유인이라고 불러줘도 되겠다. 그래도 뜻은 있는 법. 위험 속에서도 고양이가 살아가는 것이 대단하다.

  아기 고양이는 그때의 위험을 경험하고 다시는 찍찍이에 붙는 일은 없을 것이다. 이제는 어미 고양이가 되었을 것이다. 그 어미는 새끼 고양이를 키우면서 단단히 일러 줄 것이다. 자신의 경험을 살려 찍찍이에 붙으면 얼마나 고통스러운지를, 하마터면 생명도 잃을 수 있었던 날을 생각하면서 더욱 단호하게 그 위험을 설명해 주었을 거라고 생각한다.

책꺼풀을 입힐 적마다

초등학교 시절 새 학기가 되면 교과서 겉표지를 입히는 것이 최고의 숙제였다. 공부를 잘하고픈 아이들은 교과서 내용에 관심이 있을 터이지만 내 경우엔 책꺼풀 잘 입히는 것이 관심사였다. 종이가 귀하던 때라 그동안 모아둔 밀가루 누런 포대와 비료 포대 종이로 책을 감싼다는 것은 쉬운 일이 아니었다. 초등학교 일학년 때는 오빠들이 내 책을 누런 종이로 입혀주었다. 그런데 책장을 넘기려 하면 잘 넘겨지지 않았고, 겉이 당기어져서 글을 보기 위해 더 넘기면 책꺼풀이 빠지기 일쑤였다. 그 불편함을 오빠들은 아는지 모르는지 책꺼풀을 입혀주고는 묻지도 확인도 하지 않았다. 어느 정도 시간이 지나면 뻣뻣하고 무거운 종이를 훌렁 벗기고 새 책 그대로 쓰곤 하였다.

그러던 일학년 어느 봄방학 날, 이월의 햇살이 툇마루에 내리쬘 때였다. 혼자서 집을 보던 내게 용기가 솟아났다. 책꺼풀을 한 번 입혀 보는 거야. 마침 엄마가 밀가루 풀을 한 양푼이 끓여 놓은 것이 있었다. 문살에 붙여진 창호지가 구멍이 나고 풀칠이 떨어져 나간 곳과 군데군데 찢겨진 문풍지를 붙이기 위해 만든 풀은 아직 김이 모락모락 나고 있었다. 가위와 종이를 가져와 새 교과서 크기보다 조금 여유롭게 재단하여 책을 감싸 보았다. 두꺼운 종이지만 모서리를 매매 문질러 선을 잡아 놓았다. 내 손보다 더 큰 가위는 썩 잘 들었지만 날쌔게 사용하기에는 무게가 있는 편이었다. 먼저 오빠가 해 준대로 책을 입혀 보았더니 예전대로였다. 그 상태로 수십 번 책을 넘겨보고, 책꺼풀을 벗겨보다가 감싸보기를 수 십 번이었을 것이다. 드디어 한 가지를 터득하였다. 책꺼풀 안쪽을 감싸는 부분 위와 옆에 이중으로 접혀져 맞닿으니 두터워져 벗겨지기 십상이었던 것이다. 그 부분을 가위로 사각형을 오려내고 한 쪽을 삼각형으로 접어주니 날씬하게 종이가 감싸졌다. 앞장에 두 군데, 뒷장에 두 군데를 그렇게 한 것이다. 그 다음 또 수십 번 책장을 넘기고 또 넘기다가 한 가지 사실을 더 알아내고 말았다. 책의 제본 두께 높이에 따른 이 부분을 잘라내지 않고 그대로 사용하니 책장이 넘어갈 리가 만무하였던 것이다. 가위로 앞면과 뒷면은 사선으로 잘라 떼어내고 가운데는 책 두께만큼 잘라내었다. 아직 풀칠도 안

했는데 책꺼풀은 빠지지도 않았고 책장도 잘 넘어갔다. 이 놀라움은 내 스스로에게 성취의 기쁨을 안겨준 최초의 사건이었다. 마무리로 밀가루 풀을 살짝 칠하였다. 정말 성공적이었고 그 때의 환희는 두고두고 가슴을 뜨겁게 해 주었다. 이윽고 날이 저물기 시작하자 식구들이 집으로 모여들었다. 저녁상을 물리자마자 오빠에게 책꺼풀 입힌 이야기를 하고 책을 보여 주었다. 오빠들이 내가 한 걸로 믿을 수 없다며 시범을 보일 것을 제안하였다. 의젓하게 시범을 보였다. 아니나 다를까 오빠들이 칭찬은커녕 옛날 말에 여자가 똑똑하면 시집 못가고, 팔자가 사나워지니 앞으로 조심하고 함부로 앞에 나서지 말라고 나의 앞날을 걱정하였다. 아버지는 책꺼풀 입힌 책을 보더니 천재가 따로 없다고 칭찬해 주셨다.

그 다음날, 앞집 언니네 집에 놀러 갔다. 언니는 나보다 네 살 많았지만 여섯 살에 학교를 들어간 나와 늦게 학교를 간 언니는 삼 학년 차이가 났다. 막 이학년과 오학년이 될 시점이었다. 언니도 새 교과서를 들고 책꺼풀 입혀야겠다며 책을 다 펼쳐 놓았다. 언니는 오빠처럼 책을 입히고 있었다. 그러면서 잘 안 된다고 머리를 갸우뚱하였다. 언니야, 이렇게 해야 책장이 잘 넘어가고 책꺼풀이 안 빠져. 약간 거들어 주었다. 언니는 내 말이 믿겨지지 않았던지 내 책을 다 가져와 보라고 하였다. 달려가 한 아름 책을 들고 와 언니 앞에 놓았다. 난 언니가 나를 칭찬해 줄 거라고 생각하고 언니 얼굴만 쳐다보고 있었다. 언니는 단도직입적으로 네가 진짜 한 것이냐고 물었고 자신이 보는 앞에서 시범을 보이라고 하였다. 그렇지 않고서는 믿을 수 없다고 하였다. 자신의 책과 누런 종이를 주었다. 더욱 정성스럽게 책을 감싸며 책꺼풀을 입혔는데 책꺼풀이 완성되자마자 나에게 눈을 흘기며 책꺼풀 입힌 책을 넘겨보더니 책을 홱 집어 던지며 네 집에 가라고 고함을 질렀다. 놀랐다.

 언니, 왜 그래 물어 보았지만 어떤 말로도 지금은 통할 것 같지 않아 내 책을 주섬주섬 담아 집으로 돌아왔다. 예전 같지 않은 언니의 표정과 목소리에 정말 당황하였다. 언니와 친자매처럼 잘 지낸 사인데 도무지 알 길이 없었다. 그로부터 언니와 멀어지게 되었다. 우리 집에 물을 길러 와도 말을 하거나 눈을 맞추는 일은 없었다. 언니야 하고 다가가도 모른 체하였다. 그까짓 책꺼풀이 뭐 길래 언니와 내가 이런 사이로 지내야만 하는지 정말 속상하였지만 해결의 방법도 떠오르지 않았다.

 그 후에 언니 집은 파산이 되고 말았다. 어른들의 말을 빌면 그의 엄마가 곗돈놀이를 하다가 동네 부잣집 어른들의 돈을 엄청나게 들게 통행금지가 풀리는 새벽 네 시에 어둠 속으로 달아나 버렸다는 것이다. 줄곧 소식이 없었다. 가족들은 생활이 점점 황폐화되어 언니는 초등학교를 졸업하자마자 공장으로 일하러 다녔다. 그 때 동네 언덕 철길에서 언니를 만났는데 입이 안 떨어지긴 했지만 "언니"라고 불렀더니 그래 "순아, 학교 잘 다니니? 나, 간다." 이 말만 하고 일행과 사라져 버렸다. 그리고 한 번도 만나지 못하였다. 나머지 온 가족이 일 년 정도 그의 엄마를 기다려도 소식이 없자 가족들은 부산으로 이사를 하게 되었다.

어느 정도 시간이 흐른 뒤에 그녀의 아버지와 오빠, 동생이 우리 집을 다녀갔다. 엄마소식이 궁금하여 왔다고 하면서 막내인 남동생이 저녁을 함께 먹다가 울 때는 우리 가족들도 다 같이 울었다. 엄마는 돌아 올 거라며 위로해 주었다. 슬쩍 언니의 소식도 물었다. 부산 신발공장에서 일을 한다고 하였다. 가슴이 서늘하였다. 우리에게 엄마가 있음에 너무 고마웠다.

그후 책꺼풀 입힐 때마다 언니가 떠오른다. 지금에 와서야 생각하니 동생에게 그런 일로 자존심이 상할 수도 있겠다는 생각이 든다. 책꺼풀 잘 입히는 방법은 터득했지만 소중한 언니를 잃었으니 두고두고 내 마음을 짓누르고 있다. 눈치 없기로서니 언니의 표정을 보고 책꺼풀을 입히다 말 것이지 고집 세게 끝까지 할 것은 뭐람. 후회가 된다.

오빠의 말처럼 항상 알아도 모르는 척하고 뒷전에서 놀아야 하는데 그 잘난 척하는 성격으로 말미암아 마음고생을 아직까지 하고 있으니 팔자가 세기는 센가보다.

시집은 온 것이고 더 잘 살지는 두고 봐야 아는 법이다. 요즘은 예쁜 종이들도 많고 상품화된 책꺼풀도 많이 나온다. 예전처럼의 수고가 없어 좋긴 하지만 자신의 책을 자신이 아름답게 간직하기 위한 시간적 투자가 없는 것이 왠지 삭막하기도 하다. 젖니가 빠지고 나면 영구치가 나는 아이들처럼 유년의 아픔이 사라지고 나면 언젠가 장년의 기쁨이 내게로 돌아오리란 기대감을 갖고 자숙의 시간을 통해 겸손한 의지를 키워 나아가 보련다. 책꺼풀을 입힐 때마다 나는 진정 더욱 성숙한 사람이 되어갈 것이다.

추억의 옥수수빵

 옛날, 내가 자라던 때는 간식거리로 옥수수 빵을 자주 먹곤 하였다. 이제는 오래된 추억거리로 기억 속에 맴돈다. 지금 아이들의 입맛은 세월만큼이나 변해 있다. 나도 언제부터인가 내가 좋아하는 것보다 가족들이 좋아하는 것을 먹게 되었다.. 그러다 보니 옥수수 빵은 가끔씩 먹을 수밖에 없는 간식거리로 바뀌었다.
 내가 초등학교 입학했을 때의 급식은 옥수수 죽이었다. 급식소 앞에서 은색 알루미늄 컵에 반 조금 더 되게 주는 죽을 쭉 마시고는 씻을 겨를 도 없이 바로 뒤쪽 친구들에게 컵을 넘겨주면 그 컵에 다시 죽이 담겨진다. 친구는 그걸 또 쭉 들이켰고 뒤편 또 다른 친구에게 컵을 건넨다. 컵은 아래쪽이 좁고 위쪽이 점점 넓어지는 모양이어서 한쪽으로 보면 삼각형 모양 같기도 했고 손잡이도 있었다. 참 기다려지는 시간이었고 맛있었던 걸로 생각된다.

2학년 때부터는 급식으로 옥수수 빵이 나왔다. 노란색 알알의 입자가 보이고 잘 부스러지는 그 빵은 입맛을 돋았고 정사각형 모양이었다. 두께는 그리 두껍지 않은 얄팍한 빵을 급식소에서 직접 만들어 잘라 주었던 것 같다. 그것이 제일 맛있는 옥수수 빵으로 떠올려진다. 지금의 제과점 옥수수 빵과는 맛의 차이가 많다. 지금 생각만 해도 입안에서 군침이 뱅그르르 돈다.

그러나 옥수수 빵을 생각하면 눈물이 날 때가 더러 있다. 아버지는 옥수수 빵을 참 좋아하셨다. 초등 3학년에서 6학년 졸업 때까지 학교에서 옥수수 빵을 받으면 거의 먹지 않고 아버지에게 갖다 드렸다. 당시에 빼빼 마르긴 해도 달리기 선수였던 나는 선수에게만 특별히 더 주는 옥수수 빵을 아버지에게 드렸다. 달리기 선수로서의 실력 배양도 좋았지만 그날 성과에 따라 빵을 한 개 더 받을 수 있는 행운도 놓치지 않으려 노력했다. 출발할 때에는 순발력이 뛰어나 먼저 출발하였고, 결승지점에서의 마무리도 인정받았다. 시합이 있는 날이면 선생님의 고민은 늘 내게 집중되었다. 그런 난 달리기 선수를 졸업 때까지 했고, 그때마다 받은 빵을 친구 앞에서는 먹는 척하고는 책가방에 넣어 집으로 가져오곤 하였다. 선수들에게 날계란도 주었는데 아마도 그때는 영양부족을 생각해서 준 것 같다. 계란까지도 책가방에 넣어 가져왔는데 우리 집 암탉이 알을 많이 낳으니 계란만은 가져오지 말라고 아버진 당부하셨다. 날 계란을 못 먹는 난 책가방에 넣어오다 깨뜨려 가방을 다 버린 적도 많았다.

아버지는 아픈 몸이었다. 입맛을 잃어버려 죽도 밥도 억지로 드셨지만 이 옥수수 빵만은 무척 좋아하시고 잘 드셨다. 지금처럼 빵집이 흔했다면 내가 준 옥수수 빵이 아버지에겐 아무런 의미가 없었을 것이다. 하지만 도시의 변두리에서 농사짓고 사는 우리 집 형편으로는 자주 빵을 사먹기란 쉬운 일이 아니었다. 엄마는 어린 딸이 빵을 먹고 싶어도 참고 집으로 가져오는 내 마음을 알고 처음에는 용돈으로 대신 주다가 시간이 지나자 그 용돈 주는 것을 중단하였다.

하루는 2학년 오후반이었을 때였다. 학교를 가다가 심심하여 동네 갑수랑 논두렁에서 고무신으로 미꾸라지를 정신없이 잡다가 여름날의 해 높이를 잘못 해석해 수업 마칠 무렵에 교실로 들어간 적이 있었다. 선생님은 옥수수 빵을 가지러 급식소로 가고 안 계셨다. 출석한 아이만큼 신청하여 빵을 가지고 오셨는데 내가 한 명 더 앉아있는 것도 모르시고 아이 숫자와 빵이 맞지 않는다고 몇 번이나 세고 세었던 것을 기억한다. 그날은 수업도 못 받고 옥수수 빵만 달랑 하나 갖고 집으로 왔던 것이다.

아버진 내가 학교를 마치고 빵을 가져오는 것을 무척 기다리셨다. 입맛이 없는데도 그 옥수수 빵만은 맛있게 잘 드셨던 모습을 보고 난 뿌듯한 마음에 더욱 옥수수 빵을 아버지에게 갖다 드렸던 것이다. 달리기 선수는 하루에 두 개씩 빵을 받았다. 그날 선생님 마음에 들도록 연습을 잘하면 네 개씩도 받았다. "이제는 너 먹고 가져오지 마라." 하시며 울먹이셨던 날도 생각난다.

며칠 전, 추억 속의 옥수수 빵을 판다는 빵집에 가서 빵을 사 보았다. 기대하고 갔는데 예전의 그 빵 맛이 아니었다. 세월이 너무 지나버려 그때의 옥수수 빵을 못 만드는 것일까. 내가 맛있게 먹고 픈 옥수수 빵은 다시 먹을 수 없을는지도 모르겠다는 불안감이 들었다. 입맛 탓일 수도 있겠다. 먹을 것이 부족한 시절이어서 더욱 더 옥수수 빵이 맛있었는지도 모르는 일이니까.

나이가 어릴 때는 빨리 어른이 되고 팠다. 달력을 보며 하루가 지나면 날짜 위에 가위표를 하고 또 하루가 빨리 가기를 얼마나 기다렸던가. 그렇지만 세월이 빠르다는 걸 알아들을 즈음 소중했던 많은 것들이 내 곁을 떠나고 있다는 것을 알게 되었다. 자란다는 것은 그만큼 잃는다는 것을 왜 몰랐을까. 이제야 조금은 알 것만 같은데. 쫓기듯 산 아득한 세월 저 너머에서, 아버지는 그 옛날 옥수수 빵을 드시고 내게 보내 주신 그 강렬하고도 뜨거운 사랑의 메시지를 지금도 보내주고 계시리라.

옥수수 빵처럼 달콤하고도 폭신하게.

잊을 수 없는 설교

　유년의 어느 겨울날, 성탄절이 얼마 남지 않은 때로 기억된다. 내가 살았던 마을에는 샛강을 끼고 고아원 하나가 있었다. 그곳에 사는 친구들이 동네 친구들을 고아원으로 초대하였다. 멀리서 목사님이 오시어 친구들을 위해 재미난 이야기와 기도도 해 주신다고 친구들을 많이 데리고 와 주길 원했단다. 너무도 간곡한 부탁이라 친구들은 모두 그 말대로 초대에 응하기로 하였다.

　그날은 몹시 추운 날씨였다. 얼굴까지 목도리를 돌돌 싸매가며 고아원을 향했다. 해가 짧은 겨울날은 어둠도 일찍 찾아들었고, 추위도 더욱 매서워져갔다. 하지만 엄마가 끓여 주신 따끈한 시래기국 한 그릇을 들이켜고 온 지라 속속 깊이 추위는 파고들지 못했다. 오늘 밤 목사님이 들려주실 설교 메시지가 자꾸만 궁금해져 갔다. 이상하게 온몸은 열기가 솟아오르는 것만 같았다. 고아원 문 앞에서 다른 친구들을 기다릴 겸 그 곳의 친구가 마중 나오기를 바라며 서 있었다. 고아원 건물에서 밝혀주는 빛만이 나를 지켜주었다. 동네 어귀에서 만나기로 한 친구들은 약속 시간이 다 지나도 오지 않더니 고아원 문 앞에서 한참을 기다려도 나타나지 않았다. 얼마나 지났을까 몸은 차가워지는데……

고아원 안에서 풍겨 나오는 시래기국 냄새가 구수하였다. 아무도 오가지 않는 길모퉁이 양끝이 무섭기도 하여 불빛을 따라 고아원 건물 안으로 들어가 친구 이름을 불렀다. 주방에서 일하던 아주머니가 나와 금방 친구가 오기로 했다며 딴 길로 뛰어나가는 내 친구를 보았다며 길이 엇갈린 것 같다고 했다. 급히 정문을 향해 뛰어가니 친구가 길목을 향해 목을 이리저리 내밀고 있었다. 친구를 부르니 얼른 달려와 고맙다며 두 손으로 내 한손을 덥썩 잡고 사정없이 흔들었다. 다른 친구들도 올 것이라며 조금만 더 기다려 보고 들어가자고 내게 간청하였다. 그 시간은 그리 오래이지 않았던 걸로 생각되어진다. 나더러 혼자라도 와 주어 고맙다고 몇 번이나 인사했다. 손을 놓지도 않고 나를 강당인 듯한 넓은 공간으로 안내하였다. 질서를 잡는 언니 같은 선생님들이 아이들을 지도하고 있었다. 모인 사람들은 대부분 그 곳에 있는 고아원 아이들이었고 초대 받아 온 친구는 다섯도 채 안 되어 보였다.

대개 선입견을 가진 부모들이라면 늦은 밤에 아이들을 고아원으로 보내는 것도 부담스러워하였겠고, 추위와 낯선 환경, 그리고 예수를 믿는 곳에 발길이 닿는 것을 꺼려 나서는 것을 막고 싶었을 것이다. 거의 동네 분들은 불교신자로서 일 년에 세 번 정도 절에 다녔다. 대보름, 초파일, 추석 정도다. 우리 부모님도 때가 되면 절에 간다며 초와 젤리사탕, 그리고 흰 봉투 한 장을 준비해 가는 것을 보았다. 그렇지만 나를 데리고 절에 가 준 적은 한 번도 없었다.

난 초등학교 일학년 때부터 고아원 친구들에게 예수님의 사랑을 수 없이 전해 들었다. 예수님은 이 세상을 구원하러 오실 분, 언젠가 우리가 죽으면 그 분을 만날 것인데 착한 사람은 천당으로 인도하고 죄를 많이 지은 사람은 지옥으로 떨어져 뱀과 불길에 휩싸여 영원히 고통 속에서 살 것이란다. 지금 이 세상에 사는 것이 고통스러워도 예수님을 믿고 잘 참고 잘 이겨내면 언젠가 예수님이 착한 사람들을 구원하러 오셔서 세상의 고통을 다 거두어 주시고 행복한 날만 주신다는 것이었다. 예수님 이야기를 안 들었을 때는 부모님 말씀만 잘 듣고 언니 오빠랑 하루하루 잘 지내면 된다고 생각하고 맛있는 것 있으면 먹고 없으면 안 먹고, 공부는 숙제만 다해가고 성적은 보통 정도면 된다고 생각했다. 그러나 예수님을 알고부터 천당과 지옥에 대한 상상은 어린 나에게 잠들기 전

굉장히 긴장하게 만들었다. 자연히 그날 하루를 정리하게 되었고 어떤 일은 잘했고 어떤 일은 잘못되었기에 속이 아리도록 괴로워 무섭기까지 했다. 천당을 상상하기보다 지옥을 상상하는 때가 더 많았다. 온몸에 식은땀이 죽죽 나게 만들기도 하였다. 부모를 잃고 고아원에 온 아이들이 언젠가는 부모 밑에 자라는 아이들 보다 더 행복할 수 있음도 예수님이 저희를 구원해 오시기 때문 일거라고 생각했다.

드디어 낯선 강당 한 귀퉁이에 앉아 목사님이 무대에 나타나길 기다렸다. 약간은 통통한 몸이었고 얼굴 가득 웃음진 모습으로 아이들의 열렬한 환호를 받으며 목사님은 나타나셨다. 친구들에게 정중히 인사하고 설교를 하기 시작하였다.

"여러분이 입고 있는 옷은 머나먼 나라에서 온 것이지요. 옷도 신발도 가방도 연필, 지우개, 색칠공부, 색연필, 크레용 이런 것들은 우리보다 잘 사는 나라 사람들이 보내준 거랍니다. 이걸 원조품이라고 해요. 먼 곳에서 배나 비행기로 실어 온 것입니다. 여러분은 행복하나요?"

모두가 "예" 라고 대답하였다.

"예수님은 친구들을 많이 많이 사랑하신대요. 알고 믿고 있지요."

또 "예" 하고 더 큰 소리로 하였다.

"지금은 고아원 친구들이 집에서 자라는 아이보다 좀 힘들 수도 있지만 꿈이 있는 친구들은 더 행복할 수 있어요. 꿈을 가지려면 예수님을 믿고 착하게 살고 기도하며 공부를 열심히 해야 해요. 공부 열심히 할 수 있나요?"

"예" 더 우렁찬 소리가 강당이 떠나갈 듯 컸다.

"우리나라에서 자동차를 만들 수 있나요?"

"아니요."

"그럼 배는 만들 수 있나요? 기차는 만드나요? 비행기는 만들 수 있나요?" 모두 "아니요."라고 대답하였다.

"그렇지요. 현재는 아무것도 만들 수 없어요. 우리나라는 가난하고 아직 기술이 없어요. 자동차나 배, 비행기 만드는 기술은 공부를 해야 할 수 있어요. 그것을 만들 수 있는 공장을 지으려면 나라가 잘 살아야 하거든요. 잘 사는 나라를 앞으로 여러분이 공부를 많이많이 해서 만들어야 하지요. 그렇게 할 수 있겠어요."

"예." 하고 천둥 같은 큰 목소리로 길게 대답하였다.

"목사님은 여러분을 믿어요. 여러분이 스무살, 서른살, 마흔살이 되었을 때 자동차를 타고, 배를 타고, 비행기를 타고 다닐 거예요. 다 우리나라 사람들이 만든 것을 타고 다닐 거예요. 여러분이 이런 큰일을 하기 위해 태어났고, 예수님은 여러분을 말없이 지켜보며 도와주실 거예요. 자동차, 배 기차, 비행기는 누가 만든다구요?"

"우리 가요."

강당은 열기로 가득 찼다. 덩달아 나도 가슴이 두근두근 뛰었다. 목사님의 말씀은 나를 어떤 신기루에 내려놓은 것만 같았다. 자동차나 비행기 같은 것들을 우리나라는 영원히 만들 수 없는 힘없는 작은 나라로만 언제까지나 있을 줄 알았다. 그것들을 우리들이 만들어야할 희망적인 세대인 줄은 그제야 알았던 것이다. 가슴 두근거림을 진정하느라 입술을 몇 번이나 깨물고 빨아당겼다.

우리들이 해야 하는 것들이 있다는 사실은 축복이었다. 목사님은 또 설교하셨다. 그래서 우리가 잘 살게 되면 그때 우리보다 못 사는 나라 아이들과 사람들에게 옷과 신발, 연필, 책들을 듬뿍 보내보자고 아이들과 약속하였다. 예, 천장이 날아갈 만큼 아이들은 굳은 약속을 소리소리로 답해 주었다. 집으로 돌아오는 밤길은 춥고 무섭기도 했지만 어린 내 가슴에 용솟음치는 미래에 대한 희망이 뜨겁게 달아오르고 있었다.

그 설교를 들은 지 어언 45년이 되었다. 현실은 목사님의 설교 이상으로 발전된 대한민국이다. 삼십여 년 전, 결혼 해 울산에서 신혼생활을 시작하였는데 그 곳에 자동차를 만드는 회사와 배를 만드는 조선소가 있었다. 미치도록 감격하며 그 날의 목사님 설교를 떠올렸던 적이 있었다. 우리 집 승용차를 구입했을 때도 그 목사님이 내게 차를 선물한 것 같은 착각이 들었다. 그토록 희망의 메시지를 아이들에게 전하러 다녔던 그 목사님의 설교는 그날의 아이들에게 어둠에서 밝음으로 나아가게 한 소중한 말씀이었다. 세월이 가도 변함없이 내게 또렷이 남아있다.

아버지의 목소리

가로수 버드나무 고목들이 죽죽 줄지어선 여름날이 생각나는 유월입니다. 아직은 이만큼 덥지 않아도 될 여름인데 며칠째 한여름처럼 느껴져 금호강으로 몸을 돌려 밤 운동을 갔습니다. 어스름한 밤풍경도 좋았고 산책 겸 운동 나온 사람들의 모습들이 참 재미가 있었습니다. 연인들도 있고, 가족들과 친구들, 강아지를 데리고 나온 애견가도 있습니다. 잔디 위에 둘러 앉아 돼지고기 안주에 소주잔을 기울이는 사람들, 라면을 끓여 먹는 사람들 등등 저마다 즐겁게 이야기도 하고 있습니다. 땀을 흘리며 윗몸 일으키기, 달리기, 체조 이따금씩 자전거를 타고 오가는 사람들, 벤치에 앉아 있는 사람들, 같은 시간에 이렇게 한 곳에서 이 많은 것을 하고 있는 것을 보노라니 눈도 즐겁고 마음도 즐거워 옵니다.

흙길이 있는 곳까지만 걸었습니다. 멀리 유원지에서 뿜어져 나오는 너무 강한 네온사인은 싫었습니다. 잔디와 강물소리, 사람소리들이 어울린 화음만이 좋았습니다. 이 부근은 어린날 장난치며 놀았던 장소였고 친구들과 꿈을 이야기하던 곳입니다. 강물소리가 나는 듯 마는 듯 물살은 아주 약했지만 어린날 목욕하고 빨래했던 그 부근을 찾아 앉았습니다. 밤이었지만 어렴풋이 큰물이 나면 막아줄 축대가 보였습니다. 강가에서 빨래를 했던 돌덩이는 보이지 않았는데 아마 물속으로 들어가 버린 것 같습니다. 어느 때 낮에 와서 확인해 볼까 하는 생각도 들었습니다. 문득, 문득이었습니다. 아버지의 목소리가 들려오는 것을 느꼈습니다.

"순아, 아버지 등 밀어다오."

이 목소리를 들은 지가 30년이 넘었는데 들려왔습니다.

아버지는 몸이 많이 야위었기 여름 때문에 낮에 등물을 살짝 하시는 것 외에는 주로 밤에 강으로 나와 목욕을 하셨습니다. 여름이면 낮이고 밤이고 강물에서 살다시피 했습니다. 저의 친구들이 저녁을 먹고 또 강으로 목욕을 가자고 담 너머로 부르곤 했습니다. 집집마다 거의 모닥불을 지펴 모기를 달아나게 하였는데 그 냄새가 싫다는 둥 핑계를 대고 강으로 모여들었고, 친구들과 밤 목욕에도 정열을 다 받쳤습니다. 개헤엄으로 잡고 도망가고 몸살이 날 정도로 놀다가 집에 돌아오면 녹초가 되어 자곤 했습니다. 밤 숨바꼭질도 하였고, 어떤 날은 머리를 덜 말리고 자려고 하면 이가 생긴다고 부채나 선풍기로 머리를 말려주셨던 엄마가 계셨습니다. 엄마 앞에서 어느새 잠들었고, 눈을 뜨면 아침 해가 벌써 떠 있곤 했습니다. 아마도 그 여름의 절정은 칠월 초부터 팔월 말까지였을 겁니다. 농사일을 크게 거들어 주지 않아도 되는 시기라 친구들은 밤낮으로 삼삼오오 모여 놀기를 집중했던 시기가 이때였으니까요. 그렇게 정신없이 물장구를 치고 노는 어느 날 밤이었습니다. 아버지의 목소리가 제 귀에서 놓쳐지지 않았습니다.

"순아, 아버지 등 밀어다오."

"아버지, 저 몇 번 부르셨어요?"

한 번 아니면 두 번이라고 하시며 용케 아버지의 작은 목소리를 잘 듣고 온다고 좋아하셨던 아버지셨습니다.

아버지 등을 밀어 주러 오는 사이 친구들은 노는 흥이 깨졌다고 투덜거리기도 했지만 아버지 등을 밀고 싶지 않다는 생각을 하지는 않았습니다. 이태리 때밀이 타올로 살살 아버지 등을 밀다가 더 세밀하게 등을 밀어 드리려고 옆구리를 밀었는데 저도 모르게 아버지의 갈비뼈와 갈비뼈 사이에 손가락이 들어갔을 때의 그 섬뜩했던 마음이 지금도 되살아납니다. 남들이 보면 혐오감이 들까봐 낮에 목욕하기를 두려워하시다가 밤 목욕을 나오신 아버지. 당신의 몸이 잘 보여지지 않는 밤을 타서 마음껏 목욕하고파 한낮 동안 더워도 참으셨을 아버지의 마음이 얼마나 애가 탔겠습니까. 처음에는 아버지의 밤 목욕을 몰랐는데 한 번, 두 번 아버지의 등밀이 요청이 있고부터 아버지 목소리에 귀를 기울였던 것입니다.

 세월은 많이 흘렀지만 아버지의 목소리를 듣고 나니 늘 함께 계신 것만 같은 생각이 들었습니다. 아버지와 딸의 인연이 영원함을 말해 주시려 함이었을까요? 유월이 가기 전에 아버지 산소에 인사를 하러 가야겠습니다. 아버지께서 저를 부르시는 것 같은 목소리가 한 번, 두 번, 더 부르시기 전에. 아버지의 등을 밀어 드리려 가는 것처럼 그렇게 나서서 다녀와야겠습니다.

포플러 나뭇잎에 바람이 불면

유년 시절, 학교에서 집으로 돌아오는 강둑길은 내 심장을 종종 멎게 하였다. 그 보배로운 시간들이 있었기에 내가 오늘을 살아가는 힘의 원천이 되었으며, 앞으로도 영원히 내 마음의 보물창고에서 나를 지탱하게 해줄 것이다. 내 마음의 보물창고에서 아무리 정리하여도 내 유년의 기억을 없앨 수 없으며, 언제까지나 내 인생의 행복한 한 때로 자리매김하여 줄 것이다. 강둑길에는 계절마다 펼쳐지는 풀꽃들의 향연, 강물살의 흐름, 강바람의 속삭임이 있어 항상 보고 들으며 걷다가 앉아 쉬기도 하였다. 가장 격정적이게 나를 먼 미지의 세계로 던져 주었던 것은 그 강가에서, 강물의 배경이 되어준 포플러 나무 숲이었다. 어린 나에게 감당하기조차 힘든 가슴 울렁거림과 떨림을 안겨 주었던 곳이다. 저녁 햇살에 더욱 반짝이며 마주치는 작은 포플러 나뭇잎, 그것들이 짤랑짤랑 흔들거리며 내는 아름다운 소리는 그 누구도 만들어낼 수 없는 타악기의 선율로 아직 내 마음에 남아있다. 그 모습이 흐르는 강물 위에 비춰지면, 햇살을 받은 강물은 작은 잎들을 더욱 반짝이게 하였다. 그런 풍경은 어느 누구도 그려낼 수 없는 그림이며, 혼자만이 간직할 수 있는 그림이라고 아직도 내 가슴에 찬란히 묻어두고 있는 것이다. 그러다 석양이 지고 강물은 어둠 속에 잠기어 갔다. 포플러 숲의 나뭇잎 흔들리는 선율은 계속 들리어 온다. 그럴 때에 내 가슴의 설렘은 또 어떠했던가. 한 살씩 나이가 들 때마다 포플러 나뭇잎 소리가 멈추지 않은 어두컴컴한 강둑길을 자주 걸어 집으로 오는데, 누군가가 나를 불러줄 것 같은 강렬한 기대를 받아 안고 돌아오곤 했었다. 강바람이 잔잔하면 내 마음도 잔잔하였고, 강바람이 세차면 내 마음의 동요도 세찼다.

포플러 나뭇잎이 아직 자라지 않은 봄날은 강둑길에 앉아 봄바람이 살랑이는 강변의 보리밭을 보곤 하였다. 보리는 작은 바람에도 잘 움직이며 몸이 잘 휠 수 있는 유연함을 늘 자랑하는 듯하였다. 종달새는 보리밭 위를 날고, 강물 위를 날고, 하늘을 날며 봄이 자기 것인 양 세상을 누비고 있었다. 혼자가 아니라는 사실을 말해주려는지 여럿이서 내 가까이 와 지지배배 수다를 떨었다. 종달새 소리에 온정신이 팔리면 내 입에서 저절로 지지배배 대꾸가 나왔다. 새는 와르르 날아갔다가 또 다시 날아오며 나의 존재는 아랑곳하지 않았다. 강변에 여름이 오기 시작하면 보리는 이삭이 여물어지고 누런빛으로 변해 가지만 그 틈에 하나씩 얼굴이 타 까만 보리깜부기가 섞여 있었다. 까만 보리를 꺾어 거울도 없이 감각으로 숯덩이 눈썹을 그려보고 혼자 있는 시간이 때로는 좋을 수도 있음을 알기 시작했다. 지금 생각해 보면 보리깜부기는 얼마나 애타는 일이 많았으면 온 얼굴이 다 타버렸을까. 왠지 모를 연민이 들기도 한다.

강 건너편 포플러 숲에서 나뭇잎의 흔들거림이 들려오기 시작하는 여름은 잎사귀들이 바람에 간지러워 웃는 소리로 들릴 때도 있었다. 나뭇잎에 석양빛이 드리워지기를 기다리는 날이 좋았다. 야트막한 산을 뒤 배경으로 강물이 굽이도는 곳에 포플러는 키다리 아저씨처럼 서 있다가 바람 따라 긴 가지를 흔들어 잎사귀들을 더욱 마주쳐 소리 나게 도와주었다. 바람의 세기에 따라 그 소리는 다르게 들려왔다. 따다닥 따라라라 하고 반복되는 소리로, 짤랑짤랑 하며 서로를 부비대는 소리로, 강 건너서도 들을 수 있었으니까. 나중에 안 것이지만 포플러 나무는 땅에 뿌리를 힘 있게 박고 서 있을 수 있단다. 홍수에 대비해 강 습지 또는 강 고수부지 같은 곳에 잘 심어둔다고 했다. 큰물로 몸살을 잘하는 샛강의 양쪽을 포플러로 심어둔 것을 많이 보아왔는데 뿌리의 튼튼함을 인정해 주었던가 보다. 키 큰 나무임에도 불구하고 잎은 작은 편이지만 그 수는 많은 편이었다. 그런 작은 잎들이 바람에 움직였기에 멀리서도 나뭇잎 흔들거리는 소리를 들을 수 있었던 것이다. 마음을 일렁이게 하는 포플러 숲이었음을 나 아닌 다른 사람들도 알고 있었으리라.

강가 습지에 가면 모래가 퇴적된 곳에 포플러 어린 나무들이 뿌리를 내리고 누워 있거나 반은 비스듬히 서 있는 것이 더러 눈에 띄었다. 어느 날은 그 어린 나무를 뿌리째 뽑아 집으로 가져와 우리 집 담 밑 하수구 통로 부근에 심어 보았다. 두 그루였을 것이다. 나무는 물기 있는 것을 좋아하는지 잘 자라서 어느새 내 키를 넘고, 우리 집 담을 넘고 그 옆 돼지우리에 그늘이 되어 주었다. 그때부터 강가를 가지 않아도 쉽사리 포플러 나뭇잎의 움직임을 볼 수 있었고 그 소리를 들을 수 있었다. 아침부터 한 밤중까지 내가 듣고자 하면 그 소리는 내 가슴으로 들려왔다. 내게는 익숙한 그 소리, 들을 때마다 가슴 떨리는 그 소리. 얼른 어른이 되었으면…. 어린 마음이었지만 누군가가 나의 이름을 불러줄 때는 이런 심장의 박동이 일고, 가슴이 떨리어 오는 이때와 같을 것이라고 생각하였다.

지금의 동네 한 모퉁이 빈터에 포플러 나무가 몇 그루 어우러져 있다. 걷기 운동을 한다고 자주 찾는 곳이다. 여기서도 나뭇잎들의 속삭임을 듣는다. 잎사귀들이 일렁이는 소리가 그리운 누군가가 나를 불러줄 그 목소리처럼 가슴에 파문이 일고 숨이 멎을 것만 같다. 갑자기 비라도 오려는지 바람이 불어오더니 포플러 잎사귀를 세차게 건드렸다. 이때 들려오는 소리, 이 소리는 내 이름을 부르며 서 있던 사람의 음성으로 들리는 듯하였다. 포플러 나뭇잎 소리를 들으며 내 마음은 일렁이었고 나를 불러 주었던 누군가의 음성을 다시금 듣게 되었다. 나를 더욱 살게 하는 생명의 소리 같은 포플러 나뭇잎의 마주치는 소리여. 나에게서 다시 살아나라. 따따랄라, 따라라랄 바람이 불어오는 방향 따라 나뭇잎의 마찰소리는 조금씩 다르게 들려오지만 한결같은 그 소리는 누군가가 내 이름을 불러 주는 소리로 들려져 왔다. 더욱 떨리는 마음으로 포플러 나무 잎사귀 소리에 귀를 기울인다.

유년 시절부터 지금까지 누군가가 나를 불러주는 듯한 소리로 포플러 나무 잎사귀의 마주치는 소리를 들었지만, 먼 훗날에는 내가 누군가를 위해 불러줄 그 소리가 되었으면 참 좋겠다. 누군가가 포플러 나뭇잎 소리를 내가 그를 위해 불러 줄 소리라고 생각하고, 자주 포플러 나무 숲을 바라보고 그 소리를 자주 들어줄 이가 있다면 얼마나 좋을까. 그리운 이가 나를 불러 주기를 기다리지 말고 내가 그의 이름을 불러줄 포플러 나무숲을 만들고 싶다. 우리 집 동네 어귀에 포플러가 있다면 그것을 본 누군가가 넌 결코 외롭지 않았다고 나에게 말해 줄 것이므로.

강을 바라보며

 아직 구월의 더위가 달아나지 않은 요즘 아침과 저녁은 그야말로 가을이다. 어느새 귀뚜라미 소리 들을 수 있으니 계절의 바뀜은 언제나 새롭기만 하다.
 금호강가엔 수풀들이 기죽은 듯 서 있다. 가을 강물소리도 요란하지 않은 작은 물살이다. 푸른 기상으로 매일 자라나던 풀들의 성장이 주춤하다. 파르르 떠는 푸른색 기운 위에 누른빛이 조금 내려와 앉아 있다. 마치 젊음이 조금씩 사라지는 경계의 나이 오십의 여인처럼…….
 강을 바라본다. 내 나이를 강의 길이에 눕혀보았던 삼십 초반에는 인생의 길이를 예순으로 잡았는데, 어느덧 나이 오십을 넘었으니 그때의 인생설계로는 바닷가에 인접해 있겠다. 그러나 이제

백 살을 내 인생의 길이로 정하고 강 길이와 맞추어본다. 내가 강이라면 바닷물이 되기에는 아직 먼먼 곳에 머무르고 있을 터, 아직 인생의 중반을 달리는 내 삶의 여정은 길다고 말하고 싶다. 어떤 이는 추한 모습을 남에게 보이기 싫어 추하기 전날까지 살고 생을 마감하겠노라고 억지를 부린다. 생명은 자기 마음대로 되지 않는 법이다. 호랑이는 죽어 가죽을 남기고 사람은 죽어 이름을 남긴다는 속담에 누구보다 의미 있는 삶을 살다 죽으리라고 다짐했던 날이 있었다.

 이런 내 이야기를 들은 셋째오빠가 "와, 너 미쳤구나." 했었다. 어쨌든 이름을 남기기보다 값진 삶을 살아보고프다는 강한 의지를 보였던 것은 사실이었다. 내 미래를 얼마나 많이 계획하고 수정하였던가. 지금도 그 계획은 세우고 지우고 낙서장 같은 인생을 사느냐 야단법석이다.

 삼십대는 이룬 것도 없고 뭔가 보이는 듯한 확실한 열매하나 못 거둔 것 같아 강물을 역류시켜 내 나이를 거꾸로 가게 하여 용광로처럼 뜨거운 삶을 다시 살았으면 하고 안타까워하였다. 지금 바라보는 강은 금호강이며 그 옛날의 강은 울산 태화강이었다. 어느 날 저녁 무렵, 노을 진 태화강가를 바라보며 어린날의 금호강을 생각하였다. 강을 바라보며 미래에 대한 상상으로 밤을 설쳤던 때가 있었다. 이제 다시 돌아온 금호강가에서 그 날의 태화강을 떠올려

본다. 하구에 가까운 강의 자리에 서 있어서 그러했는지 몰라도 무척이나 불완전한 자신의 상태가 서글픈 인생의 서막이 서둘러 다가올 것만 같았던 절박함이 느껴졌었다. 어린날의 강을 바라보는 내 마음은 희망 그 자체였는데 결혼을 해도 내가 할 그 무엇이 있지나 않나 늘 찾아 헤매기를 수십 년째인 것 같다.

오늘 이 강은 내게 묻고 답한다. 너의 인생에서 네가 한 것 모두를 기뻐해 보라고. 너는 어디쯤 와 있는지 그것에만 집착하고 있다고. 왠지 부끄럽다. 강물은 흘러가면 다시 되돌아오지 않으니 단 한 번의 인생과 많이 비유한다. 실상은 그 강물이 수증기로 하늘에 올라가 구름이 되어 어느 날 빗줄기로 다시 내려와 강물이 되는데도 우린 흐르는 그 강물의 유속만을 느끼며 인간의 생명도 강물처럼 사라지는 데 대한 서글픔을 노래한다. 강물이 뙤약볕에서 수증기로 올라가 하늘여행을 할 때 강을 바라보며 강물은 어떤 생각을 할까 궁금도 하다. 마치 우리 사람들처럼 죽은 뒤 영혼이 떠돌아다니며 우리 인간을 보거나 하는 것처럼 묘한 생각이 든다. 강물은 하늘에서 내려올 때 수직 낙하하는 바람에 놀라 하늘 이야기는 다 잊어버렸다. 좀처럼 하늘 이야기는 할 줄 모르고 강물은 언제나 흘러만 간다.

구월에 흐르는 강물 소리는 봄날처럼 포근하지 않다. 저만치서 밀려오는 차가운 시선이 조금은 냉정하게 가슴을 밀고 들어온다.

구월이 일 년 중 하반기로 접어드는 시기여서 그런지 한 해의 시작과 끝을 생각하지 않을 수 없다. 올 새해에 무엇을 하려했는지 떠올려본다.

가장 큰 것은 가족의 건강과 평화였다. 구체적으로 들어가 보면 내게 있어서는 사순시기에 감기 걸리지 않는 것과 체중조절로 당뇨 경계치수를 정상으로 가게 하는 것이다. 그러기 위해 예전에 하루 세 시간씩 걷기운동 하던 것을 다시 시작하는 것이고 행복한 자신이 되기 위해 취미 생활하는 사람들끼리 더 가깝게 지내는 것, 어려운 사람을 생각해보는 것이었다. 이쯤에서 점검해 보면 사순시기에 감기는 걸리지 않아 다행이었으나 몸을 과보호하여 체중이 4kg 더 늘어 유월에는 사상 최고치의 몸무게를 유지하였다. 아니나 다를까, 건강검진에서 당뇨를 조심해야 한다고 운동을 강력히 권하였고 살을 빼라는 경고를 받았다.

오월부터 수성못을 걷지 않은 것도 아닌데 어찌된 일인지 좀체 살이 빠지지 않았다. 집념으로 두 달을 걸었더니 살이 빠져 3kg 빠졌다. 비가 잦은 지난여름엔 비오는 날에도 걷기를 강행하였다. 그리고는 몸무게가 별 움직임이 없지만 계속 두 시간 이상 수성못을 오가며 걷고 있다. 나의 건강이 이 정도이다 보니 세상에 부러운 것은 날씬한 사람들이고 잘 먹어도 살 안찌는 사람들이다.

행복한 사람이 되기 위해 사람들과 잘 지내기로 맘먹은 것은 늘 바쁘다는 핑계로 거의 형식적인 모임에 치중하여 그 단체마다 봉사해야할 일을 다른 사람들이 떠맡아 하는 것을 보았다. 서로 잘 지내는 것도 도움을 주는 사람이라 여겨져 다짐했는데 괜찮은 결과를 얻었다.

제주도 여회원과의 사귐을 청보리밭 문학여행에서 얻었다. 그의 문자 메시지에 의하면 "난 제주 감귤아가씨 그댄 대구 사과아가씨, 이 둘의 맛을 가진 과일은 뭘까요? 그것은 키위입니다." 키위 사진과 함께 전송된 메시지를 받던 날 참 행복했으니까. 얼마 전 모임에 그녀는 귤을 난 키위를 갖고 와 회원들을 즐겁게 해 주었으니 이 정도면 된 것이다.

마지막으로 어려운 사람을 생각하기로 했는데 미약하나마 실천하였다. 아프리카로, 수단으로 한국의 아이들에게 작은 사랑을 주었다. 더 많은 사랑을 전해야 하는 것이 내가 나이 먹어가며 느끼는 마땅한 일이라고 본다.

더운 여름날에는 하루의 반성도 쉽지 않았다. 강 앞에서도 오로지 시원함의 유혹에만 마음 끌렸었는데 구월의 찬 공기는 도리어 내 마음을 반성으로 달구어 준다. 언제나 시작은 시끌벅적하고 끝은 흐지부지한 것을 어찌 인간의 불완전함 때문이라고 넘겨짚을 수 있단 말인가. 강가 수풀의 초록이 없어지기 전에 내 안에 갇혀 이루지 못한 사랑도 끄집어내야겠다. 강물은 아직도 속살대며 잔잔히 흐른다. 저 강물의 잔잔한 흐름처럼 잔잔한 웃음 머금은 얼굴로 한 해를 보낼 수 있기를 바람해 본다.

강을 바라보며 오십의 여자에게도 가슴 두근거리는 열망이 살아 있음을 확인하였다. 내 삶은 아직 불타고 있으며 작은 소망을 이루기 위해 얼마나 애쓰는 삶이었는지를 생각하며 스스로 기쁘게 받아들여 본다. 수십 년이 흐른 뒤에도 나는 또 강을 바라볼 것이다. 그때에도 강은 새 언어로 나를 끊임없이 진실한 곳으로 내보내려 할 것이다.

지나간 삶은 그저 아름다울 뿐이고 다가오는 삶은 그저 희망일 뿐이라고 난 늘 그렇게 강을 바라보며 애써 용기를 얻어 살 것이다.

엄마가 내게 남긴 유산

　몇 년 전 엄마는 세상과 이별하였다. 봄이 되어 부는 샛바람은 몸속의 피도 말린다며 되도록 쐬지 말 것을 당부하였다. 이른 봄날은 한겨울보다 옷을 더 따뜻이 입고 다녀야 감기를 하지 않는다고도 일러 주셨던 엄마이다. 그런 봄 사월에 엄마는 멀리 떠나고 만 것이다. 여든 셋이라는 짧고도 긴 한 사람의 인생이 마감되는 것을 보고 무척 마음이 아팠다. 잘해 드리지 못한 미안함이 용서라는 말 한 마디로 대신 채우려는 딸이 얼마나 야속했을까.

　엄마는 세 번째 뇌졸중으로 하반신 마비가 왔다. 평소 혈압이 있었지만 약을 때맞추어 먹지 않았다고 한다. 휠체어에 몸을 맡긴 엄마를 우리 집으로 모셔왔다. 울산으로 오는 도중 영천에서 유명하다는 한의원에 들러 한약도 한 재 지어왔다. 기저귀를 차야만 할

만큼 하반신은 말을 듣지 않았다. 엄마를 좋아만 했지 한 번도 딸의 도리를 제대로 못한 것 같아 이 기회에 만회해 보리란 욕심이 생겼다.

단호한 내 생각대로 엄마와 함께 한 생활은 결코 순탄하지만은 않았다. 그러나 한 달 가까이 나름대로 운동을 하게 도와주고 음식도 골고루 드리니 지팡이를 짚고 걷게 되었다. 드디어 혼자 걸어 다닐 수 있었다. 나이든 노인이라 그러다가 끝날 것 같은 엄마라고 가엾게 보았던 주위 사람들에게 도리어 미안했다. 그로부터 삼 년은 그런대로 잘 해 드린 것 같지만 마지막 이 년은 요양병원에서 보내게 하여 마음이 참 아팠다. 치매가 왔고 엉덩이뼈를 부러뜨렸기 때문이다. 그것도 두 번씩이나.

엄마가 떠난 지 백 일이 가까워질 때까지 엄마의 짐을 우리 집 서랍장 세 칸에 넣어둔 그대로 두었다. 엄마와의 관계를 끝내기 싫어서였다. 어떻게 할까도 생각해 보았지만 내 맘이 결단을 내려주지 않았다. 정확히 구십팔 일째 되던 날 밤 엄마는 내 꿈에 나타나셨다.

"이제는 됐느니라. 내 짐을 정리해 다오. 그리고 모든 것은 다 잊어 버려라. 그래야 내 맘도 편하고 너도 편하단다. 부탁한다."

꿈속이었지만 엄마와 끝나는 것 같아 무지 섭섭하였다. 한참 생각하다가 엄마가 원하는 대로 하기로 결정을 내렸다. 구십구 일째 엄마의 짐을 정리해 나갔다. 누비 돕바, 성가집, 누비바지, 손녀가 사준 흰 블라우스와 검은 바지, 엄마가 산 스웨터, 누비버선, 양말, 샌달, 진녹색 체크 손지갑, 어깨 메는 가방 등등…….

 물건을 잡을 때마다 혼잣말로 되뇌면서 거기에 담긴 추억을 끄집어내 보기도 했다. 그 중 성가집은 내가 쓸 거라며 남겨두고 체크 지갑을 열어 보았다. 그 안에는 묵주반지와 지폐, 동전들이 골고루 들어 있었다. "얼마 되지 않은 이 돈도 다 써보지 못하고……." 엄마가 마지막까지 쓰지 않고 남긴 돈도 백여만 원 정도 있었다. 그 돈은 생전에 늘 딸들이 좋다며 언니와 내가 나누어 쓰라고 말씀하셨다. 돈은 셋째 올케에게 주기로 했다. 일찍 오빠를 여의고 혼자 두 남매를 키워온 터라 언니와 난 그렇게 합의를 보았다. 엄마의 돈, 그 수고로운 돈을 언니와 나는 절대 받아 쓸 수 없다고 말해 온 것이다.

 엄마가 떠나고 없자 사는 것이 두렵기도 했고, 엄마에 대한 죄책감도 사라지지 않았다. 엄마와 딸 사이라는 관계가 세상에서 사라진 것에 대한 안타까움이 나를 더 힘들게 했다.

 그렇게 몇 달이 지나 영천3사관학교 내 군인성당을 건립한다는 소식을 듣고 벽돌 다섯 장을 사 주기로 했다. 엄마의 이름으로 전하고파서였다. 지갑의 돈은 전부 오만 원 가량 되었다. 벽돌 한 장은 만원이었다. 이 날부터 체크지갑 안의 오만 원은 엄마가 내게 남긴 유산이라고 생각하였다. 이 지갑의 돈은 절대 쓰지 않고 내가 비싸게 이자를 주어 쓰되, 이웃에게 사랑을 전하는 것으로 해야겠다고 맘먹었다.

내가 사는 동안 엄마로부터 받은 사랑은 쉬 식지 않으리라. 가끔씩 엄마의 지갑을 열어본다. 구형이 되어버린 지폐도 있다. 지갑 안에서 엄마의 따뜻한 입김이 나오는 것 같다. 엄마가 내게 남긴 유산은 보석처럼 찬란하지 않다. 그러나 내 마음 안에는 아름다운 보석으로 박혀 있다. 예전에는 내가 엄마 마음에서 자랐지만 이제 엄마는 내 마음 안에서 영원히 자리잡고 커져만 갈 것이다. 엄마의 마음과 닮은 따뜻한 지갑을 만지작거려 본다.

고요가 주는 행복

내게 있어 고요는 춤이며 음악이며 문학이고 모든 예술의 시작이다.

고요한 곳에 나를 내려놓고 마음의 숨바꼭질도 하고 뛰어 놀며 춤도 춘다. 느린 박자의 노래 한 소절을 읊고, 빠른 박의 음에 마음은 바빴다. 고요로울 때 난 글을 쓴다. 심심하여 그렇기도 하지만 가슴 저 밑바닥 안에 벌떡 솟아오르는 뜨거운 무엇이 꿈틀거리기 때문이다. 그러다 백지에 꽃 한 송이 그리고 나무를 심고 초가집 한 채 짓고 울타리를 치고 색칠하고 웃는다.

길을 걸을 때도 고요 속에 걷다보면 작은 꽃들이 눈에 들어오고 잎들이 노는 것을 볼 수 있다. 비라도 내리면 빗방울이 고요를 적시면 꽃이 놀라는 소리를 듣는다. 보드라운 바람과 따갑지 않는 햇살이 꽃을 웃게 한다. 뜨거운 태양이 비추면 얼굴을 잎 속으로 가리기도 하고 찡그리며 눈을 가늘게 뜨는 꽃을 본다. 시간과 방향에 따라 색이 변하는 잎과 꽃을 유심히 바라보는 시간도 고요가 있기 때문이다.

아무도 나를 건드리지 않는 지금 오직 나의 인지력만이 살아 움직이는 시간 그것이 고요와 내가 만나는 행복이다. 누구와 만나도 이런 재미는 있지 않다. 깊은 사랑을 체험하게 하는 기도의 시간이 되기도 한다. 고요로움은 외로움이 아니다. 많은 것들이 다 내게로 오는 정말이지 행복한 나라에 온 것이다. 아무도 미워하지 않고 누구만 사랑하지 않는 그 세계를 만끽하는 즐거움을 누구에게 보여 줄 수도 없다. 내 마음을 들여다볼 수 없는 사람들이기에. 남의 마음도 들여다 볼 수 없는 마음의 한계를 좋아하게 된 것도 고요 속에서 배운 것이다.

다 알지 못하는 마음의 세계가 아름다움이며 다 알 수 없는 미래가 있어 행복한 것이다. 나이지만 나를 다 알지 못하는 나의 이성을 고요 안에 눕혀 놓고, 나를 찾아가는 여행은 참 재미가 있다. 매번 같은 여행이 아니라서 좋고 늘 같은 나가 아니라 달라지는 내가 거기 있어 희망이었다.

적막한 밤에 흐르는 고요를 맛보았는가. 어둠이 낮처럼 밝은 빛이 되는 데에는 여명의 고요가 최고조를 발했다. 어둠이 사라지는

고요가 주는 행복 255

그 순간 고요는 침묵의 소리를 뱉어내곤 했다. 찬란한 인생의 반전을 노래하는 건 늘 고요였다. 사람이 사색하지 않을 수 없는 그 순간이 바로 고요가 마음에 들어오기 때문이다. 자주 그런 친구를 만나면 차분해지고 자신을 다듬게 된다. 그는 내 영원한 친구이며 그리움이며 사랑이며 우정이며 기도이다.

그를 덜어낸 나를 생각하고 싶지 않다. 언제나 내 곁에 함께하는 벗이고자 한다. 풀내음이 향기로운 오솔길을 걸을 때 어깨동무해 주는 사람처럼 고요는 내 가까이에 찾아오곤 한다. 어제의 고요와 오늘의 고요가 다른 것은 어제의 나와 오늘의 나가 실제로 다른 것과 같은 맥락이리라.

그는 값비싼 보석을 요구하지도 않았고 화려한 의상도 두르지 않았지만 언제나 격에 맞는 모습으로 다가온다. 참신한 벗이라고 말해 주고프다. 고요가 주는 행복은 참으로 무한대이다.

| 발문 |

시공으로 교직한 '나'의 탐구 여행
– 박영순 수필집 『낙화』에 부쳐

장 호 병
(수필가, 한국문인협회 대구광역시회장)

□ 클릭 인

내 나이를 강의 길이에 눕혀보았던 삼십 초반에는 인생의 길이를 예순으로 잡았는데, 어느덧 나이 오십을 넘었으니 그때의 인생설계로는 바닷가에 인접해 있겠다. 그러나 이제 백 살을 내 인생의 길이로 정하고 강 길이와 맞추어본다. 내가 강이라면 바닷물이 되기에는 아직 먼 곳에 머무르고 있을 터, 아직 인생의 중반을 달리는 내 삶의 여정은 길다고 말하고 싶다.

- 「강을 바라보며」 중에서

박영순 수필가가 첫 수필집 <낙화>를 상재한다. 글쓰기 환경이 좋아졌다고들 말하지만 쓰는 일이 결코 만만한 일이 아니다. 수필은 체험의 전사가 아니라, 특히 인간존재를 탐구하는 문학이기 때문이다. 작가가 무엇에 대하여 썼든 거기에는 작가 자신에 대한 탐구가 담겨 있기 마련이다. 작가가 의식했든, 의식하지 않았든 그는 '나'란 화두를 놓치지 않았다. 그래서 수필쓰기는 나를 찾아가는 여행이라 할 것이다.

『낙화』는 작가 박영순의 삶이 투영된 작가자신에 대한 탐구이자 시간과 공간 앞에 놓여진 우발적인 존재로서의 인간인 '나'에 대한 탐구이다. 따라서 독자가 느끼게 되는 우리 삶에 대한 탐구와 크게 다르지 않을 것이다.

본고에서는 작가의 삶이 수필에 어떻게 투영되고, 수필은 그의 삶을 어떻게 반영하고 있는지, 그의 삶과 문학에 대하여 살펴보기로 한다.

□ 존재성

　　지금 바라보는 강은 금호강이며 그 옛날의 강은 울산 태화강이었다. 어느 날 저녁 무렵, 노을 진 태화강 가를 바라보며 어린날의 금호강을 생각하였다. 강을 바라보며 미래에 대한 상상으로 밤을 설쳤던 때가 있었다. 이제 다시 돌아온 금호강가에서 그 날의 태화강을 떠올려 본다.

- 「강을 바라보며」 중에서

'나'는 누구이며, 나는 어디에 있는가. 나는 시간과 공간에 따라 왜 다른 모습으로 나타나기가 쉬운가. 나는 '나'를 얼마나 알고 있으며, 남은 '나'를 얼마나 알고 있을까.

나에게는 '남도 나도 알고 있는 나'와 '남도 나도 모르는 나', '남은 아는데 내가 모르는 나', '남은 모르지만 나만 알고 있는 나'가 있다. 나의 존재성은 어떤 시간과 공간에 던져졌을 때만이 드러난다. '나'는 이 네 가지 영역 중에서 어느 하나임에 분명하지만, 나란 존재는 전개되는 시간이나 공간에 따라서 얼마든지 달라질 수 있다. 그것은 신체를 가진 존재이기 때문이리라.

'나'란 존재는 몸을 부여받음으로써 시작된다. 몸이 무엇인가. 모음의 준말이 아닌가. 가시적인 신체 각 부위를 모은 것에 비가시적인 마음까지 모은 것이다.

신체는 체험을 통해 학습된 내용만을 기억하는 경향이 있다. 따라서 신체적 의사표현은 항상 과거 체험을 반추함으로써 과거지향적으로 호불호(好不好)를 드러낸다. 좋아하는 일은 그 기억에 힘입어 다시한번 그때로 회귀하려하고, 몹시 아팠던 기억은 트라우마로 남는다.

반면에 마음은 신체에 대응하는 지각능력이기도 하지만 하늘의 뜻을 좇기 위한 인식작용으로써 현실을 지각하고 사유와 추론으로 미래를 위해서 현실을 판단하기 때문에 자신을 통제하려하고 때로는 야심으로 작용하여 삶을 힘들게도 한다.

수필쓰기는 우리 삶에서 과거지향의 신체언어와 미래지향의 인식을 조율하는 자아탐구의 한 방편이라 할 것이다. 작가 박영순의 작품 역시 체험을 바탕에 두고 반응으로 나타나는 신체언어와 인식이 조율된 존재성을 보여준다 할 것이다.

 어느 날 둘은 손수레를 밀어 달라는 부탁을 듣고 미리 까만 팬티 밑 고무줄 부분에 자두 하나씩 돌돌 말아 숨겨두고 계속 손수레를 밀었다. 언덕을 넘자 아저씨가 밀어주어 고맙다고 자두 두 개씩을 우리에게 주었다. "고맙습니다." 하고 두 손을 쭉 내미는 순간 까만 팬티 고무줄에 돌돌 말린 자두가 우두둑 떨어져 나오는 게 아닌가. 너무도 당황하여 숨을 곳도 못 찾고 어쩔 줄 몰라 했다. 아저씨는 마음이 참으로 깊은 사람이었다. 데굴데굴 언덕 밑으로 굴러가는 자두와 우리 둘 표정을 번갈아 보다가 배꼽을 잡고 웃었다. 우리도 덩달아 아저씨와 마주보며 깔깔 웃었다. 그러는 도중에 남은 자두 하나가 또 팬티에서 떨어져

데굴데굴 굴러갔다.

― 「스님이 된 친구」 중에서

   도시의 외곽에서 자란 필자와 친구가 손수레나 소달구지에 자두를 싣고 언덕을 오르던 농부를 도와주었을 때 수고에 대한 대가로 자두 몇 개씩을 얻은 적이 있다. 힘들게 언덕을 오르고 나면 말로 때우는 더러의 어른들이 있고부터 나름의 대응을 세웠던 천진한 시절의 이야기이다. 이처럼 존재성은 시간과 공간에 따라 맞이하게 되는 타자와의 관계에서 드러난다. 삶에는 이런 시공간 속에서 타자와의 관계가 지속되기에 존재성이 드러나지 않을 수 없다. 가까운 지인들도, 작가자신조차도 몰랐던 작가 박영순의 한 모습이었으리라.

☐ 고향

   강물이 뙤약볕에서 수증기로 올라가 하늘여행을 할 때 강을 바라보며 강물은 어떤 생각을 할까 궁금도 하다. 마치 우리 사람들처럼 죽은 뒤 영혼이 떠돌아다니며 우리 인간을 보기나 하는 것처럼 묘한 생각이 든다. 강물은 하늘에서 내려올 때 수직 낙하하는 바람에 놀라 하늘 이야기는 다 잊어버렸다. 좀처럼 하늘 이야기는 할 줄 모르고 강물은 언제나 흘러만 간다.

― 「강을 바라보며」 중에서

   나이가 어릴 때는 빨리 어른이 되고 팠다. 달력을 보며 하루가 지나면 날짜 위에 가위표를 하고 또 하루가 빨리 가기를 얼마나 기다렸던가. 그렇지만 세월이 빠르다는 걸 알아들을 즈음 소중했던 많은 것들이 내 곁을 떠나고 있다는 것을 알게 되었다. 자란다는 것은 그만큼 잃는다는 것을 왜 몰랐을까. 이제야 조금은 알 것만 같은데. 쫓기듯 산 아득한 세월 저 너머에서, 아버지는 그 옛날 옥수수 빵을 드시고 내게 보내 주신 그 강렬하고도 뜨거운 사랑의 메시지를 지금도 보내주고 계시리라.

옥수수 빵처럼 달콤하고도 폭신하게.

― 「추억의 옥수수빵」 중에서

박영순 작가의 작품을 관통하는 주요 키워드 중 하나는 고향이다. 고향에는 특정 공간과 흘러가버린 시간이 함의되어 있다.

이 작품집에서 작가는 부녀간의 애틋한 사랑을 자주 그려내고 있다. 간식거리가 귀한 그 시절 학교에서 나눠주는 옥수수빵의 유혹을 뿌리치고, 작가는 입맛 잃은 병환 중의 아버지께 갖다드리기도 했다.

들일을 마치고 귀가하여 어머니가 바삐 끓여낸 수제비를 타박하는 아버지께 대들었더니 의외로 아버지는 "너무 뜨거워서 맛을 몰랐다"면서 세 번째 그릇까지 받으셨다. '그 날의 수제비는 두고두고 가슴 울리는 종소리가 되었다'고 작가는 술회하고 있다.

비 오는 날은 수제비 생각이 나고 날씨가 쌀쌀하면 따뜻한 수제비를 먹게 되리라. 그때 아버지 생각이 나면 뜨거운 김 사이로 눈물이 흘러내릴 것이다. 보고 싶은 아버지의 얼굴이 어렴풋하게 따뜻한 수제비 그릇 위로 그려질 것이다. 눈물과 수제비가 범벅이 될지라도, 나는 그 수제비 한 그릇을 다 비우게 되리라.

― 「그날의 수제비」 중에서

그날 한참 토마토를 따다가 아버지에게 어떤 한 청년이 우리 밭에 와서 토마토를 먹고 갔노라고 이야기를 꺼냈다. "잘 보냈네. 배가 얼마나 고팠으면…… 쯧쯧. 객지생활이 그리 만만한가. 일자리나 빨리 찾았으면 좋으련만."
<중략>
이따금 그 청년이 직장을 얻어 부모에게 자신의 결실을 잘 익은 붉은 토마토처럼 보여주었을 것이라 생각하며 웃곤 한다. 그날 그 청년의 손에 비닐봉지 하나만큼이라도 가득 토마토를 따서 쥐어주지 못한 것이 후회된다.
― 「토마토와 청년」 중에서

작가가 중학교 때 토마토 밭 망 당번이었을 때의 이야기이다. 토마토 밭을 망치기 일쑤인 서리꾼이나 참비름 뜯는 척하면서 토마토를 따가는 아낙네들로부터 토마토를 지켜야 한다. 어느 날의 일화 한 토막이지만 가슴 따뜻하게 하는 부녀간의 대화이다.

호박꽃은 어린날 나의 또 다른 이름임을 고백한다. 셋째오빠가 우리 집 못난이라고 놀릴 때 불러준 이름이다. 박호순이라고도 하였는데 더러 속상해서 운 날도 있었다. 오빠가 결혼하기 위해 맞선을 보러 다니면서 내게 한 말이 있다. "우리 집 못난이 박호순, 호박꽃이라고 많이 놀려 먹었는데 내 눈이 멀었던 게지. 선보러 다녀보니 내 동생같이 예쁜 동생은 없더라. 미안하다, 호박꽃. 넌 정말 미인 축에 끼일 수 있다. 진짜다, 믿어라." 그때 내 속은 다 풀렸다. 엄마에게, 언니들에게 동생 같은 색시만 있다면 장가가겠다고 하였다.
― 「호박꽃」 중에서

고향에는 숱한 이야기가 잠든 듯 살아있다. 박영순 작가는 대구 근교에서 나서 자랐고, 남편의 직장을 따라 수년간의 울산 생활을 제하면 고향을 떠나본 적이 없다. 그만큼 오십 평생을 살고도 동심을 유지할 수 있는 것은 고향의 살아있는 이야기들 덕분이리라.

호마(胡馬)는 북쪽 바람을 향해 서고, 월나라에서 온 새는 남쪽으로 향한 가지를 골라 앉는다(胡馬依北風 越鳥巢南枝)는 옛 시가 있다. 고향땅에 붙박이로 사는 사람들에게도 고향은 그때 그 시절로 돌아갈 수 없는 그리움이 되어 가슴에 묻을 수밖에 없다.

> 다시금 찾은 옛길을 걸어보면서 가슴 뭉클한 것이 밀려 왔다. 그것은 사랑이었다. 흘러가는 시간을 사랑해야 하고, 지금의 나를 사랑해야 하고, 내가 알고 있는 사람들을 사랑해야 한다는 것을. 사랑할 때는 누구나 행복하기에 그 마음 그대로 언제나 기쁘게 살아야 하는 것이라고, 두 손을 꽉 끼우며 호흡을 가다듬었다.
> 가을은 더 깊숙이 내 가슴 속으로 들어와 낙엽 위에 사랑이란 글을 새기게 한다. 이듬해 봄이면 이 옛길에서 연록빛 잎사귀에 사랑이란 글을 또 새기게 되리라.
> ― 「옛길」 중에서

더운 여름날에는 철교 아래에서 벌거벗은 아이들이 개헤엄으로 날쌘 몸을 움직였던 곳이기도 하였다. 아야철교 위를 달려가던 기차 안에는 통학을 하던 중고등학생들이 많았다. 그들은 강물에서 물장난하던 아이들에게 환호성과 함께 손을 흔들어 주었다. 그 정겨운 풍경들이 지금의 나에게 잔잔한 웃음을 던져 주는 것은 그때를 행복하게 생각하기 때문일 것이다. 벌거벗은 몸을 숨기려 물 속에서 얼굴만 내 놓은 채 그들에게 작은 손을 흔들며 웃음으로 답례했던 소녀가 쉰이 넘어 이곳에서 그때를 반추할 줄이야 정말이지 몰랐다.

(중략)

나를 이끌어 살아내는 힘을 주는 시간은 아마도 유년의 그 자리에 설 때 최고조가 되는 것을 부정할 수 없다. 아양기찻길을 걸으며 내 마음의 두근거리는 속삭임을 스스로 엿들을 수 있는 시간이 사뭇 기쁘다.

- 「아양 기찻길의 추억」 중에서

동시에 두 지점에 머무를 수 없는 것은 신이 아닌 인간의 한계이자 숙명이다. 일찍이 라뇨(Jule Lagneau, 1851-1894)는 '시간을 내 무력함의 형식', '공간을 내 능력의 형식'이라 갈파하였다. 시간을 돌이킬 수는 없지만, 작가에게 고향은 가슴 저 아득한 곳에 아름답게 그리움으로 잠자고 있을 뿐이다.

□ 나무와 같은 삶

오늘 이 강은 내게 묻고 답한다. 너의 인생에서 네가 한 것 모두를 기뻐해 보라고. 너는 어디쯤 와 있는지 그것에만 집착하고 있다고. 왠지 부끄럽다. 강물은 흘러가면 다시 되돌아오지 않으니 단 한 번의 인생과 많이 비유한다. 실상은 그 강물이 수증기로 하늘에 올라가 구름이 되어 어느 날 빗줄기로 다시 내려와 강물이 되는데도 우린 흐르는 그 강물의 유속만을 느끼며 인간의 생명도 강물처럼 사라지는데 대한 서글픔을 노래한다.

- 「강을 바라보며」 중에서

미지근함은 한마디로 내 마음의 여유이다. 내 마음이 여유롭지 못할 때 미지근한 차 한 잔을 마신다. 미지근함의 여유로 멋을 부리면 그 날 그 시간은 최상의 선물이며 행복이기 때문이다. 왜 뜨거운 커피를 마시지 않느냐고 반박하는 사람에게 언제나 하는 말이 있다.

"제 삶이 미지근하다보니 커피도 미지근한 것을 좋아하게 되네요. 어쩌죠?"

- 「미지근한 커피처럼」 중에서

작가 박영순의 삶은 나무와 같은 삶이 아닐까 생각해본다. 나무는 자신이 태어난 자리를 원망하지 않는다. 또한 남의 탓으로 자신을 합리화하려 하지도 않는다. 이런 그의 천성은 아마도 고향으로부터 연유할 것이다. 그 미지근함은 다름 아닌 '삶의 열정이 식을 줄 모르고 너무나 뜨거워 나를 표출하는 역설로 택'하였다고 작가는 술회하고 있다.

다음 글을 보면 또 다른 '나'의 모습을 발견할 수 있다.

내 가슴에는 아직도 못다 한 간절함이 숨 쉬고 있다. 나의 간절함을 간절곶 그 곳에 묻어두고 돌아오고 싶다. 나의 간절함이 파도를 타고 푸른 동해바다를 누비다 달빛을 받아 안고, 해무리 붉게 퍼지는 그 찬란한 날들의 반복 속에 무르익어 내가 다시 간절곶을 찾는 그 어느 날, 간절함이 내게로 되돌아 와 새 날의 해처럼 붉게 물든 이야기를 전하게 되리라.

―「간절곶」 중에서

바다가 숨 쉬고 있음을 파도를 보고 안다. 내가 살아 있다는 것은 내 마음의 소리를 들어보는 것이리라. 파도는 수만 개의 혀로 해변의 구석구석을 핥아내는 거대한 한 마리의 고기로 보였다. 언제나 숨찬 목소리로 철썩였다. 나와 마주하는 순간 파도의 혀들이 내 가슴 안에 깔려 있는 그 무언가를 끌어내리고 있다. 한 번으로는 되지 않는지 자꾸만 다가와 쓸어내린다. 파도가 나를 덮치면 내 생의 고백을 다 쏟아낼 것 같다. 그리고 파도의 거품처럼 나도 거품이 되리라.

―「정자 바닷가에서」 중에서

남을 향해서는 미지근하게 보일 만큼 나를 드러내지 않더라도, 나 안의 나에게는 세상 향한 인식의 세계가 만만치 않음을 보여주고 있다.

타자를 향하는 '나'는 상처를 주기도 하고, 상처를 받기도 했을 것이다. '내 마음 속에 숨겨 둔 프로쿠루스테스의 침대를 미련 없이 버리'기까지는 긴 시간 타자들과 부딪히고 자신을 연마하였으리라.

　　한 동안 내가 만든 규칙의 올가미 안에서 많은 사람들을 단죄하였던 잘못을 생각하며 깊은 반성을 해 본다. 내 생각의 침대 길이로 남을 자르고 늘렸던 그 며칠간의 나는 딴 세상의 한 사람이 되어 고독한 시간 여행을 하였다. 결국에는 내 생각의 침대 길이를 남을 위해 조절할 수 있는 자신이 되어야 하는 것임을 알게 되었고, 그로 인한 마음의 다짐은 다시는 남의 탓으로 돌리는 잘못은 하지 말아야겠다는 결론에 이르게 되었다. 적어도 프로쿠루스테스처럼 자신의 침대 길이로 남을 해석하고 판단하여 사람의 마음을 아프게 하는 자신이 되어서는 안 되겠다고
　　　　　　　　　　　　　　　　　ー「프로쿠루스테스의 침대」중에서

그는 이태 전 시인으로도 등단하였다. 시인(詩人)은 시인(視人)이란 말이 있다. 나의 잣대로 나에게 얼마나 유의미한가로 세상을 읽는 것이 아니라, 세상 그 자체로서 존재의 이유를 읽어야 하는 시인의 눈을 가지고 있었기에 유치원 원장으로서 유아교육에서도 성공적인 삶을 살았다. 돌담에서 어느 돌 하나 쓸모없는 돌이 아니듯이, 아이들 역시 지금은 미완성이라는 사실이다. 경우의 수가 무한대로 요구되는 바둑계를 알파고가 평정한다 할지라도, 그것은 유치원 교사로서는 성공할 수가 없다. 진행형의 유아들을 두고 섣부른 판단을 하지 말라는 경고는 계량화할 수 없는 인간관계의 무한 경우 때문만은 아니다. 어떤 경우보다 우선해야 할 것은 본성을 읽어내는 사랑이라는 것이다. 객관적인 사랑이 아니

라 나의 주관에 따른 사랑의 눈을 동원해야 한다는 것이다.

　들판에 외로이 핀 저 꽃은 자신의 자리를 알고 스스로 피었으리라. 작지만 땅바닥에 다닥 붙어 핀 꽃은 함께 있어야만 할 이유를 알고 그렇게 모여 피었으리라. 너희는 함께 했을 때 더욱 빛나는 존재들이라고 누군가의 목소리를 듣고 꽃은 모였으리라. 야생화는 산과 들에 아무런 제약 없이 피어나는 꽃들로 보이지만 그 꽃들에게는 그들만의 사는 이치가 있기에 그 자리를 누구든 마구 건드려 놓아서는 안 될 것이다.

―「야생화의 반란」 중에서

　내 주위의 사람들과 사물들을 소중히 여기는 마음과 눈이 나에게 항상 열려 있기를 바란다. 아이들의 작은 실수를 보고 떡잎이 노랗다든지, 별 볼일 없겠다고 말을 내뱉는 사람이라면 못 생긴 돌 하나를 함부로 차버려서 그가 필요할 때 그것을 잘 사용할 수 없어 곤혹을 치르는 사람과 같다. 그는 아이의 투명한 미래를 잘라버린 파렴치한 사람이 될 것이다. 특히 자라나는 아이들에게 세상은 좋은 곳이고 살 만한 곳임을 느끼게 해주는 어른들의 내리사랑이 필요하다고 생각해 본다.

―「돌담을 보며」 중에서

　숲은 남을 탓하지 않는 나무들의 군락으로 평화의 상징처럼 보이지만 그 속 나무와 풀들의 생존 경쟁은 눈물겹다. 중력을 향하여 하강하는 것이 세상이치이지만 조금이라도 햇빛을 더 많이 얻기 위해서는 수직 성장을 택해야 하고, 물관부에 물을 길어 올려야 한다.

　잎사귀들이 일렁이는 소리가 그리운 누군가가 나를 불러줄 그 목소리처럼 가슴에 파문이 일고 숨이 멎을 것만 같다. 갑자기 비라도 오려는지 바람이 불어오더니 포플러 잎사귀를 세차게 건드렸다. 이때 들려오는 소리, 이 소리는 내 이름을 부르며 서 있던 사람의 음성으로 들리는 듯하였다. 포플러 나뭇잎 소리를 들으며 내 마음은 일렁이었고 나를 불러 주었던 누군가의 음성을 다시금 듣게 되었다.

-「포플러 나뭇잎에 바람이 불면」중에서

박 작가 역시 타자와의 경쟁보다는 자신과의 싸움을 피하지 않는다. 그래서 한 점 바람에 흔들리는 포플러 나뭇잎들의 속삭임에서도 그 간절함을 일깨우는 누군가의 목소리를 들을 수 있는 것이다. 타자들과 무한 경쟁이 아닌 온전한 나무와 같은 삶, 그것을 유지하고 지키는 것이 그의 삶의 일관된 태도이다.

나의 변함은 무엇 때문이었으며 나의 영원은 무엇일지를 생각해 보았다. 대나무는 예전대로 잘 자랄 뿐인데 사람의 눈에 좋도록 다듬어져 가고 있었고, 바람 따라 몸은 일렁이며 결코 휘지 않는 몸으로 서 버티는 모습이 애처롭기도 하면서 한편으로는 부럽기도 하였다. 대나무는 예로부터 곧고 강직한 표상이라 두렵게 느꼈던 적도 많았는데 저리도 불어대는 바람에 몸을 흔드는 유연함도 있음을 이제야 알게 되었다. 누구라도 마음의 흔들림은 있는데 그 자리에 꼿꼿이 머물 수 있는 심지가 있다면 대나무와 닮은꼴일까.

-「태화강 대숲을 거닐다」중에서

□ 제 3의 공간

강을 바라보며 오십의 여자에게도 가슴 두근거리는 열망이 살아 있음을 확인하였다. 내 삶은 아직 불타고 있으며 작은 소망을 이루기 위해 얼마나 애쓰는 삶이었는지를 생각하며 스스로 기쁘게 받아들여 본다. 수십 년이 흐른 뒤에도 나는 또 강을 바라볼 것이다. 그때에도 강은 새 언어로 나를 끊임없이 진실한 곳으로 내보내려 할 것이다.

　지나간 삶은 그저 아름다울 뿐이고 다가오는 삶은 그저 희망일 뿐이라고 난 늘 그렇게 강을 바라보며 애써 용기를 얻어 살 것이다.
-「강을 바라보며」중에서

고향을 등짐으로써 현대의 문명생활을 열게 되는 현대인들에게는 일터인 직장과 쉼터인 가정을 오가는 생활을 반복하게 된다. 지친 영혼을 위로해주고 자존감을 늘여줄 다양한 제3의 공간이 레이 올든 버그에 의해 제기되고 있다. 작가는 이미 문학을 통하여 제3의 공간을 실천하고 있는 셈이다.

　먼 산의 능선이 아름다운 것은 자유로움 때문일 것이다. 현재에서 일탈하고픈 마음의 반향이 오늘 먼 산과 맞닿았다. 그러나 살아있는 한 그 자유로움을 만끽하지 못할 것 같다. 하늘나라에서나 그 자유로움에 흥겨워할 나이기에 죽는 그날까지 그 자유로움을 그리워할 수밖에. 먼 산을 보다가 이런 흥얼거림으로 겨울 하루를 마감하며 위로의 잔을 혼자 마실 뿐이다.
-「먼 산을 보다가」중에서

어느 누구에게도 구애되지 않고, 나 속의 나와 독자를 만날 수 있는 것이 문학활동이다. 가톨릭신자로서 독실한 신앙심을 통하여 폭넓고 창의적인 소통을 통하여, 자존심을 세우기보다는 자존감을 키우고 오히려 자유인이기를 자처하는 것이다.

우리는 모두가 똑같은 마음으로 어느 한 길을 다 같이 가지는 못 한다. 내가 가고 있는 이 길도 주님이 주셨고, 내가 지고 가는 삶의 지게도 그 분이 주셨기에 반기듯 살아내야 함을 안다. 그 날 담양 창평 슬로시티를 거닐며 주님이 내게 주신 은혜로운 많은 것들이 떠올라 감사한 마음에 남몰래 눈시울을 적셨다.
- 「담양 창평 슬로시티에서」 중에서

쟈크 샤보(Jacques Chabot)는 '진정한 작가란 사물과 언어, 현실과 상상, 이승과 저승—이 양자 사이의 경계에 천막을 치는 유랑인으로 그의 미덕은 이 양자의 어느 쪽에도, 사물에도 언어에도, 현실에도 상상에도, 이승에도 저승에도 자리를 잡지 않으려 하는 데 있다'고 했다.

온 종일 바람을 맞으며 깎이는 흙바위를 보다가 내 모난 삶을 깎고 싶었다, 둥글게 둥글게. 바람 앞에 내 온 몸을 맡긴다. 태평양 바다는 가슴도 탁 트이게 한다. 바람이 멈추지 않는 한 야류 해변가 흙바위들은 변화를 거듭할 것이다. …… 사람도 떠나가고 나면 조금은 서러워도 곧 잊혀지는 흙모래와 같은 신세가 된다는 것을 미리 알고 살아가라는 의미를 던져주는 것 같다.
- 「야류 해변가의 풍경」 중에서

다 알지 못하는 마음의 세계가 아름다움이며 다 알 수 없는 미래가 있어 행복한 것이다. 나이지만 나를 다 알지 못하는 나의 이성을 고요 안에 눕혀 놓고, 나를 찾아가는 여행은 참 재미가 있다. 매번 같은 여행이 아니라서 좋고 늘 같은 나가 아니라 달라지는 내가 거기 있어 희망이었다.
적막한 밤에 흐르는 고요를 맛보았는가. 어둠이 낮처럼 밝은 빛이 되는 데에는 여명의 고요가 최고조를 발했다. 어둠이 사라지는 그 순간 고요는 침묵의 소리를 뱉어내곤 했다. 찬란한 인생의 반전을 노래하는 건 늘 고요였다.
- 「고요가 주는 행복」 중에서

박 작가는 제3의 공간 저 깊숙한 곳에서 고향을 길어올리면서 '고요의 순간 사색하지 않을 수 없으며, 어제의 고요와 오늘의 고요가 다른 것은 어제의 나와 오늘의 나가 실제로 다른 것과 같은 맥락'이라고 진술한다.

☐ 클릭 아웃

이제 강물도 옛 강의 소리를 잊어 버렸다. 강도 세월을 먹었나 보다. 그러나 내 가슴 속에는 아직도 옛날의 강물소리가 흐르고 있고, 내 두 눈 속에는 아직도 그날의 석양빛이 각인되어 발하고 있다. 강 저편에는 동녘의 붉은 해가 떠오를 것이다. 붉은 아침 해를 바라보며 노년의 세월 그려 보리라. 최후에 아름다울 수 있는 할머니가 되고 싶은 내 소망을 서녘을 보고 꿈꾸었는데, 지금에 와서 동녘을 보고 그 꿈을 펼친다고 나무랄 사람 없을 것이다. 더욱 열정적인 내 삶은 동녘 하늘처럼 붉게 타오르리라. 강 저편에는.
- 「강 저편에는」 중에서

강은 도도히 흘러 하류에 이르면서 그 속도가 느려진다. 가늠할 수 없는 깊이와 폭이 있거늘, 어찌 열정이 식었다 나무라랴.

작은 꽃 같은 내 삶이 어찌 벚꽃의 낙화와 비길 수 있겠는가. 작은 삶이라도 그처럼 곱다고 말할 수 없다. 방긋 웃다가 사라지는 그 작은 몸짓을 난 더욱 사랑하리라. 봄날의 풋풋한 하루를 꽃과 더불어 생각해 본 날이다. 작은 꽃의 낙화가 내 마음속 깊이 거대한 산처럼 곳곳하게 자리 잡아 주었다. 지금부터라도 더 밉지 않는 작은 꽃이 되는 삶을 살고 싶다. 작은 꽃잎 흩날리며 사라지는 조용한 마지막을 위하여 내 진정 고운 꽃을 피워보리라.

-「낙화」중에서

'작은 꽃 같은 사람들은 살아서 이름 한 번 내비추지 않고도 있는 듯 없는 듯, 누구를 위해 살았노라 목소리도 높이지 않'지만 이 세상 흐름의 큰 줄기임을 부인할 수 없다. 그의 소박한 꿈이자 줄곧 삶의 모습이었던 '작은 꽃', 꽃 진 자리마다 보람의 열매가 맺히고 그 결과 제2, 제3의 수필집으로 탄생하기를 기대하면서 어쭙잖은 필을 거둔다. ■終